일본
맛집
산책

SANDWICH WA GINZA DE
by HIRAMATSU Yoko, Illustrated by TANIGUCHI Jiro
Copyright @ 2011 HIRAMATSU Yoko, PAPIER
All rights reserved.
Original Japanese edition published by Bungeishunju Ltd., Japan in 2011.
Korean translation rights in Korea reserved by Turning Point,
under the license granted by HIRAMATSU Yoko and PAPIER, Japan
arranged with Bungeishunju Ltd., Japan through The English Agency (Japan) Ltd.
and Danny Hong Agency, Korea.

이 책의 한국어판 저작권은 대니홍 에이전시를 통한 저작권사와의 독점 계약으로
도서출판 ㈜터닝포인트아카데미에 있습니다.
저작권법에 의해 한국 내에서 보호를 받는 저작물이므로 무단전재와 복제를 금합니다.

이 책의 원제는 "샌드위치는 긴자에서(サンドウィッチは銀座で)"입니다.

일본 맛집 산책

2018년 2월 9일 초판 1쇄 인쇄
2018년 2월 14일 초판 1쇄 발행
지은이 히라마츠 요코
그린이 다니구치 지로
옮긴이 김대환

펴낸이 정상석
책임 편집 엄진영
마케팅 이병진
본문편집·디자인 김보라
브랜드 haru(하루)
펴낸 곳 터닝포인트(www.diytp.com)
등록번호 제2005-000285호

주소 (03991) 서울시 마포구 동교로27길 53 지남빌딩 308호
전화 (02) 332-7646
팩스 (02) 3142-7646
ISBN 979-11-6134-015-9 (13980)
정가 14,000원

내용 및 집필 문의 diamat@naver.com
haru(하루)는 터닝포인트의 인문·교양·에세이 임프린트입니다.

본문의 일부 글꼴(폰트)은 (사)세종대왕기념사업회에서 개발한 **문체부제목바탕체, 문체부바탕체**입니다.

이 도서의 국립중앙도서관 출판예정도서목록(CIP)은 서지정보유통지원시스템 홈페이지(http://seoji.
nl.go.kr)와 국가자료공동목록시스템(http://www.nl.go.kr/kolisnet)에서 이용하실 수 있습니다.
(CIP제어번호: CIP2018003358)

차 례

봄을 알리는 맛을 찾아서
6

•

그래, 가자! 오늘도 맛있는 맥주 마시러
28

•

한여름에는 장어를 먹자
48

•

이케부쿠로(池袋)에서 중국 둥베이(東北) 여행
68

•

잘 먹었습니다, 직원 식당
90

•

언제나 마음속엔 오므라이스
114

•

자시키에서 편안하게
134

샌드위치는 긴자에서
154

•

겨울을 아쉬워하며 나홀로 나베
174

•

곰고기를 먹으러 간다
196

•

안녕, 추억의 대중식당 '주라쿠다이(聚樂臺)'
220

•

100년이든, 200년이든
240

•

끝으로 풍경의 일부가 되어
268

후기 273
본문에 나오는 식당 위치 및 연락처 277

봄을 알리는 맛을 찾아서

물이 완전히 따뜻해졌다. 물보라가 튀어 살갗에 닿는 따뜻한 느낌이 좋다. 불어오는 바람도 햇빛에 반짝인다.

봄이 왔다.

봄이 오는 기척을 느끼면 자연스럽게 떠오르는 맛이 있다. 바로 후키미소(ふき味噌, 머위의 어린 꽃줄기를 다져 넣고 볶거나 이긴 된장. 쌉쌀한 맛이 난다–옮긴이)다. 눈이 녹기 전에 봉긋하니 얼굴을 내민 머위 줄기를 직접 따보고 싶었지만, 시골에서 멀리 떨어져 사는 이유로 아쉽지만 야채가게에 나오기를 기다렸다가 살 수밖에 없다.

오랜 세월이 흘러도 후키미소를 만드는 방법은 항상 똑같다. 머위 줄기를 사박사박 썰어서 작은 냄비에 넣고 된장, 미림, 간장, 술을 넣고 약한 불로 걸쭉하게 조린다. 이내 피어오르는 짙은 향기. 열이 식기를 기다리지 못하고 젓가락으로 날름 떠서 맛을 본다.

쌉싸름하고 알싸한 맛이 난다.

봄의 맛이 느껴진다. 봄이 혀끝에 생생하게 느껴진다. 이어서 유채꽃, 고비, 고사리, 우루이(うるい, 비비추의 한 종류—옮긴이). 뱀밥…… 봄의 기운을 모조리 맛보고 싶어진다.

봄의 맛은 나의 모든 감각을 깨우는 기쁨이다.

경칩

좀 더 힘을 내... 벚나무 아래를 지날 때마다 응원하는 마음으로 봉긋하게 부푼 꽃봉오리를 바라보며 중얼거린다. 꽃이 피고 난 후보다 꽃이 피기 전에 꽃봉오리를 올려다보는 하루하루가 더 설레고 신난다.

봄에 먹는 튀김은 또 다른 즐거움이다. "지금 튀김을 먹지 않으면 언제 먹을래?"

풍미와 향기가 일체 달아나지 못하도록 꼭꼭 가둔다. 그것이 튀김의 참다운 맛이다. 여하튼 봄의 맛은 강요하듯 다가오지 않는다. 쌉쌀함이나 알싸함도 아무 생각 없이 있다 보면 슬그머니 달아나버린다. 따라서 그 맛을 통째로 전부 가두어놓으려면 튀김 외에는 달리 방법이 없다.

긴자(銀座) 6가 '이와이(いわ井)'의 문을 활짝 열자 사장님인 이와이 요시로(岩井義郎) 씨가 새하얀 윗도리를 입고 먼저 온 손님에게 내줄 튀김을 정성껏 튀기고 있었다. 탁탁탁탁, 기름 튀는 소리에 식욕이 확 돋는다.

먼저 나온 조림 사발에 흥분을 감추지 못한다.

고사리, 우루이, 산나물, 유채꽃.

봄이 갑자기 내게 인사를 한다. "오늘은 마음껏 봄을 드세요."라고 말하기도 한다. 아삭아삭 씹히는 맛에서 어렴풋이 느껴지는 온기. 봄이 조용히 숨어 있다.

처음 나오는 것은 새우, 이어서 뱅어. 바삭하고 노릇하게 튀겨진 뱅어는 고소하면서도 살짝 씁쓸한 맛이 입 속에 퍼진다.

"오늘은 신지호(宍道湖, 시마네 현에 위치한 호수)에서 잡은 뱅어입니다. 반슈(播州) 아코(赤穂, 효고현 남서부에 있는 도시)의 뱅어는 3월이 제철이고, 그 후에는 마츠시마(松島, 미야기현 센다이만 일대에 위치한 일본 3경 중 하나)의 뱅어가 맛있습니다."

계절의 흐름에 따라 산지도 옮겨간다. 튀김은 재료 본연의 맛을 온전히 전달해주기 때문에 실력 있는 튀김 요리사일수록 계절의 변화에 민감하다.

"두릅 순입니다."

불룩해진 타원형의 두릅 순 튀김이 가이시(懷紙, 접어서 품에 지니고 있는 종이로 과자를 나눌 때나 술잔을 씻을 때 사용한다-옮긴이) 위에 놓여 있다. 젓가락으로 냉큼 집어서 입으로 가져간다. 혓바닥 위에서 데굴데굴 굴려가며 단숨에 튀겨낸 튀김의 맛을 음미한다. 바삭거리는 식감과 함께 야산의 향기가 입 속에 가득 찬다.

너무나 감동한 나머지 나도 모르게 눈을 감고 있는데 옆에서 말소리가 들린다.

"사랑스러운 느낌이죠?"

아는 척 떠들면서 여운을 방해하는 이는 '분게이슌주(文藝春秋, 일본의 대표적인 출판사)'에서 20여 년간 근속한 Y군(ⓒ쇼지사다오東海林さだお-베어먹기 시리즈로 유명한 만화가-와 함께 일한 편집자)이다(Y군은 지금은 한 아이의 아버지이므로 Y군이라고 부르기는 뭐하지만 그냥 옛날 이름으로 부른다).

"어른이 되고 나서 두릅 순의 맛을 알았습니다. 올해도 어느새 봄이 왔구나…라고요."

정말 그렇다. 어른이 될수록 두릅 순을 만날 때면 따듯한 봄볕에게 기도를 드리고 싶어진다.

'아아, 올해도 봄을 맞이할 수 있었어.'

날카롭고 단단한 가시에 둘러싸인 두릅나무의 가장자리에 봉긋하게 솟은 어린 순은 정말로 사랑스럽다. 두 번째 순까지 따버리면 그 나뭇가지는 말라죽는다는 섬세한 나무이기도 하다. 이와테(岩手) 태생의 이와이 씨에게 두릅 순은 매우 친근한 존재였다.

"야구 연습을 땡땡이치고 운동장 뒷동산에 올라가서 나무에 기댔는데 등이 따가운 거예요. 비명을 지르며 펄쩍 뛰어올랐는데 선배가 '이거, 튀김으로 만들어 먹으면 맛있어'라고 가르쳐주더군요."

지금은 두릅 순이 봄을 열어주는 친구다.

"다른 요리에 쓸 때는 떫고 쓴맛을 제거하지 않으면 먹을 수 없는 산나물도 튀김으로 만들면 맛이 참 좋아요. 튀기면 떫고 쓴맛, 알싸한 맛이 달콤해집니다."

혓바닥 위에 달콤 쌉싸름한 맛이 자리를 잡으면 두릅 순이 자랑스레 "나 어때?" 하고 묻는 듯하다.

이어서 표고버섯, 보리멸, 죽순.

노릇노릇 먹음직스러운 빛깔, 죽순 튀김은 좀 더 색이 짙다. 작은 고깔모자 모양의 튀김을 소금에 찍어 입 속에 던져 넣는다.

바삭…

씹는 소리가 내 귀에 울린다. 겨우내 땅 속 깊숙한 곳에서 자란 생명이 정성껏 튀겨져서 맛이 한층 더 선명하고 강렬해졌다.

튀김은 정말로 사치스런 요리다. 한시도 자리를 뜨지 않고 재료를 하나씩 튀긴다. 게다가 눈과 귀와 손끝에 전해지는 감각을 총동원하고 모든 경험을 구사해야 한다. 그것을 보고 흉내 내서 그대로 튀기기는 도저히 불가능하다. 튀길 때의 재료마다 미묘하게 또는 크게 다른 상태를 파악하는 것은 신기(神技)라고 생각할 수밖에 없다.

"성게알젓입니다."

이번엔 김으로 말아서 튀긴 성게알젓. 절반쯤 깨물었더니 뜨거운 성게알젓이 물컹거린다. 바다의 향기에 싸여 있는 짙은 풍미가 흘러나온다. 순간 눈을 감게 되는 맛이다.

침묵을 깨고 Y군이 고개를 쭉 빼면서 중얼거렸다.

"저건 혹시……."

황급히 카운터 너머로 시선을 돌렸더니 소쿠리 안에서 볼록하게 솟아오른 어린 풀색.

"머위의 어린 꽃줄기!?"

한껏 흥분해서 이와이 씨를 응시하자 머위의 어린 꽃줄기에 튀김옷을 입히면서 조금 긴장한 듯 말했다.

"머위의 어린 꽃줄기를 튀길 때는 늘 집중해야 합니다."

튀김옷을 입힌 머위의 어린 꽃줄기를 기름 속에 던져 넣고 1, 2, 3초. 이어서 바로 젓가락으로 머위 튀김을 잡고 기름 속에서 아래위로 크게 흔들기 시작한다. 그 순간 황금빛의 작은 거품이 터지면서 화산 분화구처럼 부글부글 끓어오른다.

"흔들어서 꽃받침 부분을 벌리고, 젓가락으로 전체를 벌리면서 튀깁니다. 이렇게 하면 골고루 익어서 크게 그리고 바삭하게 튀길 수 있습니다."

프로의 현란한 기술에 시선이 집중된다.

"머위의 어린 꽃줄기입니다."

삼각형의 꽃받침 한 장 한 장이 쫙 펴져 동그래졌다. 아니 그

긴자_이와이

냥 보고만 있기에는 너무 아깝다. 소금을 아주 조금만 묻혀서 용기 내어 한입 가득 먹으면······.

입 속 가득히 봄의 숨결이 퍼진다. 작은 튀김 하나에 가득 담겨 있는 쌉쌀한 향기에 압도된다. 대화도 뚝 끊겨버렸다. Y군은 거의 우는 표정이다.

"입을 여는 것조차 아깝네요. 말이라도 했다간 향기가 다 달아나버릴 것 같아요."

결정타를 날리듯 이번엔 아이치(愛知) 현에서 가져온 바지락이 나왔다.

봄은 바다에도 똑같이 찾아온다. 물이 따뜻해짐에 따라 조갯살이 오동통하게 오른다. 포동포동 육감적으로 자란 조갯살을 모아 밀가루 반죽에 버무려 튀긴다. 갓 튀겨낸 묵직한 튀김을 간장에 찍어서 한입 물면 강한 탄력이 전해진다. 씹을수록 맛이 달아나버리니 역시 입을 열고 있을 여유가 없었다.

마지막은 묵은 연근으로 산뜻하고 상쾌하게 마무리한다. 봄을 주제로 연주한 선율의 흐름에 온몸으로 귀를 기울인 기분을 맛보았다.

"야생 땅두릅의 새싹도 맛보게 해드리고 싶었지만 조금 더 기다리셔야 할 것 같습니다. 4월은 물오징어가 맛이 오르기 시작하죠. 그럼 이번엔 어린 은어, 잠두콩······."

맛을 보면서 새로운 계절을 맞이하러 간다.

춘
　　분

　춘분을 맞아 서풍이 불고 있다. 공기는 완연하게 따뜻한데, 바람이 세차게 불어댄다. 이렇게 거센 바람은 봄이 왔다는 증거, 석가모니가 입적할 때 정토에서 데리러 오는 열반서풍이라고도 한다.
　따뜻한 햇볕의 유혹에 이끌려 훌쩍 가마쿠라(鎌倉, 간토(關東) 지방 가나가와현(神奈川縣) 남동부에 있는 관광·휴양 도시)로 떠났다. 봄이 오면 왠지 모르게 가마쿠라에 가고 싶어진다. 눈앞에는 반짝반짝 빛나는 바다가, 사방 곳곳에는 절이 산재해 있는 가마쿠라에는 느긋하고 여유로운 공기가 흐르고 있기 때문일 것이다.
　가마쿠라 역에 내리자마자 깜짝 놀랐다. 평일인데도 길거리가 인파로 뒤덮여 있었다.
　"사람들 생각이 다 똑같은가 봐요."
　Y군이 놀란 토끼눈을 하고 말했다. 전철을 타고 가마쿠라에 도착. 한시라도 빨리 봄을 만끽하고 싶은 기분은 마찬가지인 모양이다. 우리는 버스로 환승해서 가려고 했던 곳이 있었다.
　우리가 내린 버스 정류장은 '**코묘지(光明寺)** 앞'. 자이모쿠자(材木座) 해안이 바로 옆에 펼쳐진다. 이 해안의 이름은 막부(幕府) 수립 당시 건축 목재를 비롯해 막대한 물자가 풀리자 항구로 번성한 것에서 비롯되었다. 바다에서 불어오는 해풍을 느끼면서 '아마테루야마(天照山)'라는 큼지막한 현판이 걸린 코묘지의 멋진 산문(山門)을 지나면 푸른 하늘 아래 드문드문 벚꽃이 피어 있는 경내가 나타난다.

코묘지는 1182년, 정토종 3대 조사(祖師)인 료추(良忠) 대사가 세운 절로 한때 간토(關東) 지방의 총본산이기도 했다. 이처럼 유서 깊은 코묘지를 찾아온 데에는 이유가 있다.

쇼진 요리(精進料理, 불교에서 유래된 말로 재료에 동물성을 사용하지 않는 일본 요리-옮긴이)를 먹으러 왔다.

어디까지나 먹겠다는 의지가 앞서는 나 자신에게 복잡한 생각이 스쳐 지나가지만, 어쨌든지 간에 코묘지는 도쿠가와(德川) 막부가 학문소(學問所)로 정한 절이기도 하다. 쇼진 요리를 먹으면서 새로운 계절의 출발선에 서서 땅이 베풀어준 은혜에 감사의 마음을 표한다. 그런 기특한 마음으로 산문을 지난 것이다.

바로 안내를 받아 간 곳은 연못을 한눈에 바라볼 수 있는 '하스노마(蓮の間)'. 구석구석 깔끔하게 정돈된 공간에 정막이 흐른다. 그때 울음소리가 들려왔다.

"휘, 휘이익."

휘파람새의 운치가 있는 독특한 울음소리다. 귀에 착착 감기는 소리에 황홀해진다.

"이야, 정말 좋네요. 과연 가마쿠라의 봄은 뭔가 다릅니다."

Y군은 주홍색 밥상을 앞에 두고 오랜만에 무릎을 꿇고 바르게 앉았다.

"일부러 쇼진 요리를 찾아서 먹으러 오다니 처음 경험하는 일입니다. 퇴근길에 '오늘은 쇼진 요리 어때?' 이게 있을 수 있는 대화입니까?"

꽃놀이하는 기분으로 쇼진 요리를 술안주 삼아 배 터지도록 먹으라는 것이 아니다. 만물이 소생하는 때를 엄숙하게 맞이하려고 미리 계획하고 가마쿠라까지 온 것을 잊었단 말인가. 충고해주려고 하는 순간 장지문이 스르륵 열렸다.

"어서 오십시오. 환영합니다."

사무에(作務衣, 일본의 승려들이 입는 옷으로 목화와 아마포로 만들며 전통적으로 남색이나 갈색으로 염색한다-옮긴이)를 입은 스님이 '하스노마'의 한쪽 구석에 무릎을 꿇고 앉아 인사를 했다.

"그럼, 식전 기도를 함께 올리겠습니다."

'기주저(記主箸)'라 쓰여 있는 젓가락 봉투의 뒷면에 '식전 기도'가 쓰여 있다.

일동 합장.

"우리 이 자리에서 식사를 함에 있어 천지의 은혜를 생각하고 그 노고에 감사를 드립니다. 십념(十念, 나무아미타불을 열 번 염불함-옮긴이), 잘 먹겠습니다."

합장한 채 절한다. 그리고 밥상 위에 쇼진 요리가 차려졌다.

기주 밥상

나무접시   검은콩, 코묘지 쇼진 시구레(精進しぐれ, 시구레는 기울이나 팥 등을 넣은 과자의 일종—옮긴이), 양하 감초, 삶은 누에콩

낮은 공기   아즈마 유바(東ゆば, 유바는 두유에 콩가루를 섞어 끓여 그 표면에 엉긴 엷은 껍질을 걷어 말린 식품이다. 아즈마 유바는 유바를 가정용으로 만든 식품—옮긴이), 토란, 삶은 가지, 톳 밀개떡, 기누사야(絹さや, 꼬투리째 먹는 완두콩—옮긴이)

나무접시   생 유바 오이 말이, 곁들임용 각종 채소, 고추냉이, 수상화

나무접시   쇼진 튀김(두릅 순, 가지, 호박)

뚜껑 있는 국그릇   강낭콩 고마미소(胡麻味噌, 볶은 참깨를 된장과 설탕에 버무려 으깬 식품—옮긴이) 무침

츠보(坪, 움푹하게 들어간 뚜껑이 있는 칠기—옮긴이)
참깨두부(고추냉이, 묽은 생 간장)

밥그릇   영양밥

나물그릇   채소 절임 3종

국그릇   사츠마지루(薩摩汁)(고구마, 무, 당근, 유부, 우엉, 파)

봄을 알리는
맛을 찾아서

어떤 요리든 채소 본연의 맛을 살리기 위해 작은 부분까지 세심하게 신경 썼다. 크기가 고른 검은콩은 윤기가 흐르는 것이 정성껏 해동한 후 보글보글 끓였다는 것을 알 수 있다. 양하의 붉은색은 감초로 선명하게 살렸고, 누에콩은 밝고 고운 초록 빛깔의 비취색.

코묘지의 쇼진 요리를 만든 사람은 가마쿠라의 일본음식점 '미요카와(御代川)'의 요리사 우에다 다카시(上田貴志) 씨다. 스무 살 청년이라는 소리를 듣고 깜짝 놀랐다. 약관의 나이에 매일 쇼진 요리에 매진하다니 쉽게 할 수 있는 일이 아니다. 육수를 내는 방법도 심오한 경지에 이르렀다.

"다시마는 홋카이도(北海道), 마른 표고버섯은 규슈(九州) 것으로 고릅니다. 한 번 육수를 낼 때마다 다시마는 쉰 장 정도, 마른 표고버섯은 아흔 개 정도로 충분히 사용합니다. 쇼진 요리의 육수는 진하게 우려내는 것이 기본이고, 국이나 조림 등에 다양하게 쓰입니다."

육수가 확실하기 때문에 전혀 질리지 않는다. 쇼진 요리의 고마도후(ごま豆腐, 두부와 비슷하게 생겼지만, 실제로는 칡 녹말로 굳힌 참깨 두유로 만든다-옮긴이)에도 손이 많이 간다.

"참깨는 전날에 볶은 것을 절구로 빻아서 칡 녹말과 다시마로 낸 육수 등에 타서 섞습니다. 그 후 체로 거른 것을 불에 올려서 저어주며 굳힙니다. 확실하게 젓지 않으면 쏠렸을 때 응어리가 생기기 때문에 긴장을 늦출 수 없습니다. 굳어서 무거

가마쿠라_코묘지

워지는 바람에 화상을 몇 번이나 입었는지 모릅니다."

볶는다. 빻는다. 젓는다. 고마도후의 맛은 다시 말해서 정진(쇼진)의 선물이다. 만드는 노력과 시간에 대해 생각하고, 그 노고에 감사하면서 먹는 것도 요리의 소중한 맛 중 하나라고 새삼 마음에 새기게 된다.

차와 코묘지 만두를 먹으면서 창밖 연못으로 시선을 옮긴다. 곧 벚꽃이 만개하고, 초여름이 되면 연꽃이 활짝 필 것이다.

그때 방금 전에 다녀간 스님이 다시 들어왔다.

"그럼, 식후 기도를 함께 올리겠습니다."

다시 합장.

"우리 식사를 마치고 마음이 풍요로워지고 몸에는 힘이 넘치네. 열심히 일하여 맹세코 은혜에 보답하리. 십념(十念, 극락왕생을 위한 열 가지 마음가짐). 잘 먹었습니다."

고양이들이 코묘지의 경내 여기저기에서 한가로이 선잠을 자고 있다. 깨우지 않으려고 조심하면서 그들 옆을 지나 뒷산으로 가는 길을 올라가니 주위가 갑자기 확 트이며 자이모쿠자 바다가 나타났다. 햇빛을 받으며 펼쳐지는 부드러운 봄 바다를 멀리 바라다보니 에노시마(江ノ島, 가마쿠라 지역에 있는 섬)가 두둥실 떠 있다. 좋아, 결정했어. 이번 여행 선물은 도요시마야(豊島屋, 일본의 과자 제조 회사)의 하토 사브레(비둘기 사브레, 가마쿠라의 대표적인 명물 과자)다.

청명

마침내 벚꽃이 활짝 폈다. 봄 햇살은 한층 강렬해졌고, 하늘은 맑고 푸르다. 제비가 슬슬 날아올 무렵이면 새싹과 산나물을 찾아 큰마음 먹고 교외로 나가 걷고 싶어진다.

계절이 바뀔 때마다 생각나는 작은 식당이 있다. 바로 도쿄(東京) 시모키타자와(下北澤)의 '나나쿠사(七草)'.

쿵쿵쿵, 발소리를 내며 바깥에 있는 나무 계단을 내려가면 오렌지색의 따뜻한 등불이 나를 맞이한다. 작은 창문 안쪽에 한가로운 공기가 흐른다. 제철 채소도 "어서 오세요."라며 손짓하고 있다. 사장인 마에자와 리카(前沢りか) 씨가 철마다 주문하는 제철 채소의 맛은 순하고 부드러운데 아주 맛있다.

'지금 나나쿠사에선 어떤 채소가 어떤 맛으로 나올까?'

그런 기대감도 충분히 충족시켜준다.

처음부터 흥분에 휩싸였다. 우선 맨 처음 나오는 기본 요리는 스리나가시(すり流し, 새우·게·갯장어·감자·두부 등을 갈아서 만든 맑지 않은 국-옮긴이), 오늘은 뭘까?

1. 스리나가시 봄 양파

감자, 당근, 무청…… 모두 '나나쿠사'가 자랑하는 스리나가시의 재료인데 봄 양파를 사용할 줄이야. 입으로 가져와 후루룩 쩝쩝. 봄 양파의 섬세한 달콤함이 몸과 하나가 되며 흘러들어온다. 입 속에 닿는 부드러운 감촉에 중심을 잡아주는 것이 알싸하니 자극적인 후추다.

"또 처음 맛보는 맛이군. 튀김도 맛있고 쇼진 요리도 맛있고, 놀라움의 연속입니다."

오늘 밤에도 영락없이 맞은편 자리에 앉아 있는 Y군이 갑자기 감격한 표정이다. 늘 솔직하게 놀라거나 감격해주기 때문에 보는 나도 기쁘다.

"원래 산나물을 좋아하긴 하지만 이렇게 제대로 집중하고 먹으니 봄 채소가 각별하네요."

그래? 그럼 기대해봐. '나나쿠사'의 진가는 이제부터 발휘될 테니.

2. **참깨 초무침** 땅두릅, 우루이(봄에 먹는 나물 종류), 쑥부쟁이, 석이

땅두릅의 아삭아삭함, 우루이의 미지근함, 쑥부쟁이의 오묘함, 저마다 다른 식감이 참깨 초무침 속에서 조화를 이루며 자꾸만 젓가락을 유혹한다.

3. **튀긴 두부 시로미소**(白味噌, 콩보다 쌀 누룩을 많이 넣어 만든 흰 된장-옮긴이) 머위의 어린 꽃줄기, 겨자

정말이지 마음에 쏙 드는 연출일 것이다. 시로미소에 머위의 어린 꽃줄기가 담고 있는 소박한 시골의 정취. 봄을 이런 식으로 가두는 방법이 있었단 말인가. 콧구멍으로 강한 향기가 스며들어온다.

시모키타자와_나나쿠사

봄을 알리는
맛을 찾아서

4. 니비타시(煮浸し, 채소, 말린 식품, 구운 민물고기 등을 초간장에 무르게 조린 요리-옮긴이) 스냅완두, 아스파라거스, 고비, 노라보우나(のらぼう菜, 조금 쓴 맛이 나는 영양이 풍부한 채소)

스냅완두는 어석, 아스파라거스는 아그작, 고비는 아삭, 노라보우나는 촉촉. 이 한 가지 요리에도 식감이며 본연의 맛이 제각각인 채소를 하나의 니비타시로 만들어낸 자부심이 느껴진다.

5. 무침 고추냉이 꽃, 메밀 열매, 김

꽃을 먹는 것도 봄이 아니면 맛볼 수 없는 맛이다. 고추냉이 꽃은 그 매콤함에 혀의 맛봉오리가 일제히 곤두서고, 메밀 열매의 담백한 맛이 살살 달랜다. 채소의 맛과 긴조슈(吟醸酒, 사케의 한 종류)에 도취되어 있을 때 짜릿하게 입 속을 자극하는 것이 있었다.

"채소만으로도 훌륭하게 완급이 조절되네요. 절대 질리지 않는 맛입니다. 잘 먹었습니다."

나도 자랑스럽다. 마에자와 씨가 어느 때보다 세심하게 살피고 있는 것은 봄의 공적일까? 제철인 것을 확인하고 재료를 골라 정확하고 세심하게 손질한다. 그렇기 때문에 방금 전과 같이 계절이 밀당을 반복하면서 강한 존재감을 발휘하는 것이다.

그때 핫슨(八寸, 가이세키(懐石) 요리에서 술안주 등으로 곁들이는 것-옮긴이)이 나왔다.

6. **핫슨** 달걀말이, 머위 찜, 불똥꼴뚜기 찜, 유자 무말이, 고사리

여기서도 겸허하게, 그러나 다채로운 식감이 날뛰고 있다. 촉촉하고 부드러운 달걀말이, 사각사각한 머위, 유자를 감싼 아삭아삭한 말린 무, 쫄깃한 고사리... 참지 못하고 긴조슈를 한 잔 더 마신다.

7. **튀김** 누에콩 튀김, 생강 안카케(あんかけ, 전분을 이용해 걸쭉한 질감이 나도록 만든 소스나 국물요리─옮긴이), 땅두릅 채, 홍삼

햇누에콩을 튀겨놓았다. 햇것을 먹는 기쁨이 해가 거듭될수록 더 커지는 것은 무엇 때문일까. 딱딱한 식감을 즐기면서 한 해가 빨리도 돌아오는구나 하고 나의 지나간 날들과 다가올 날들을 진지하게 생각하기 때문일까.

그리고 마침내 '나나쿠사'의 남성미를 깨닫게 해주는 요리가 등장했다.

8. **조림** 삼겹살, 콩 된장 조림

어린아이의 주먹만 한 삼겹살이 우리 앞에 위용을 드러냈다. 진하고 촉촉하게 조린 삼겹살 옆에서 말캉말캉한 콩이 서포트한다. 아니나 다를까 Y군은 좋아서 어쩔 줄 모르는 표정이다.

"솔직히 말하면 고기는 전혀 나오지 않는 줄 알았어요. 쇼진

요리를 먹으러 온 것이잖아, 하고 속으로 생각했거든요. 드디어 나왔네요."

모두 '나나쿠사'의 계산된 순서. 통찰력이다.

마무리는 새싹 밥. 입 속에 새싹의 상큼한 향기가 퍼졌다.

마에자와 씨는 초봄엔 매일매일 주방에 들어올 때마다 계절을 실감한다고 한다.

"겨울 채소는 흙속에 있었기 때문에 껍질을 벗기지 않으면 먹을 수 없어요. 그런데 봄 채소는 겨울을 넘기기 위해 싸여 있는 것이 많죠. 죽순, 누에콩, 청완두, 머위도 심이 단단해서 요리할 때는 잠자고 있는 것을 깨우는 듯한 기분이에요. '안녕? 잘 잤니?'라고 말이죠."

섬세한 맛에 깜짝 놀라게 하는 것도 봄 채소의 개성이라고 한다.

"스냅완두나 아스파라거스를 물에 담그면 단맛이 연하게 나죠. 육수가 계속 우러나서 놀랄 정도예요. 봄의 풍미가 중요해서 너무 삶거나 떫은맛이 너무 빠져나가지 않도록 조심하고 있습니다."

사람의 몸은 정말로 잘 만들어졌다. 추울 때는 그렇게 맛있다고 느끼지 못했는데, 따뜻해지면 용기를 내어 먹고 싶어지는 맛이 있다. 싹이 튼 채소나 산나물의 알싸하고 쓴맛에는 추운 겨울 동안 쌓인 노폐물을 밖으로 배출해주는 기능이 있다. 그것을 자연스럽게 몸이 원하는 것이다.

    경칩에서 춘분, 춘분에서 청명, 청명에서 곡우로 바통을 넘기면서 지금도 봄은 움직이고 있다. 채소와 산나물을 맛보며 계절을 받아들이면서 걷다 보면 어느새 주위는 온통 봄의 싱그러운 기운으로 가득하다.

그래, 가자! 오늘도 맛있는 맥주 마시러

어느 날 신바시   망종(芒種) 24.5도
新橋

히야시토마토(冷やしトマト, 토마토 샐러드—옮긴이). 아츠아게(厚揚げ, 두껍게 깍둑썰기한 두부 튀김—옮긴이). 모로큐(もろきゅう, 어린 오이를 소금으로 문질러서 통째로 간장을 곁들여 낸다. 소박한 맛의 술안주—옮긴이).

이것이 '오늘 신바시 아저씨들의 베스트 3 안주'인 모양이다. 신바시 역전 빌딩 1호관 B1 '타치노미 긴(たち飲み 吟)'은 초저녁부터 손님으로 꽉꽉 들어차 있었다. 셀프서비스 안주, 한 병 300엔 균일, 생맥주 500cc 한 잔 380엔.

꿀꺽꿀꺽꿀꺽, 캬아……

여기저기에서 환희에 찬 신음소리가 쏟아진다. 옛 추억의 정취가 물씬 풍기는 이 건물은 1층과 지하에 술집과 작은 음

식점이 빼곡하게 자리 잡은 아저씨들의 성지다. '탄포포(たんぽぽ, 민들레)' '오후쿠로(おふくろ, 어머니)' '샤샤(酒々)' '칸자시(かんざし)' '사쿠라코(櫻子)'…… 저마다 스트레스를 풀러 오라고 유혹하고 있다. 건물 입구의 안내 지도판에 쓰여 있는 한 줄 문구도 마음에 꽂힌다. "한 번 빠지면 헤어날 수 없다…… 여기가 바로 논스트레스 공화국!".

더워서 맥주. 퇴근길에 맥주. 아무 일 없어도 우선 맥주. 아저씨들의 목소리가 가게 안에 울려 퍼지고 있다. 대화도 쓸데없이 질질 늘어지지 않아서 멋있다.

"그래, 맞아."

"역시!"

"그렇겠지."

신바시에서 아저씨들의 대화에 중요한 것은 내용이 아니다. 세 가지 맞장구로 모든 것이 이해되고 진행된다는 것이다. 넥타이를 느슨하게 하고, 와이셔츠 단추를 풀고, 싱글벙글 웃고 마시는 데 1,000엔이면 충분하다. 밤마다 신바시는 천국. 갑자기 부러워져서 나도 모르게 생맥주로 손을 뻗는다.

어느 날 진보초_____ 쨍쨍 내리쬐는 햇빛 26도 神保町

지하철 진보초 역의 계단을 올라가서 야스쿠니 도리(靖国通

り)의 교차로에 서자 한여름을 방불케 하는 햇빛이 눈부시게 쏟아져 내리고 있었다. 나도 모르게 빙그레 미소 짓는다. 오늘은 정말 기분 좋은 오후가 될 것 같다.

진보초의 헌책방에서 책을 찾을 일이 있었다. 모처럼 온 터라 단골 소극장의 일정을 체크해보니 오늘은 오즈 야스지로(小津安二郎)의 〈만춘〉. 1949년 작, '노리코 3부작' 중 하나다. 딸은 물론 하라 세츠코(原節子), 아버지는 아시다시피 류 치슈(笠智衆).

하라 세츠코의 말투는 전염성이 강하다.

"그럼 전 어느 쪽이라고 생각하셔요?"

"이어져 있는 단무지는 좋아하셔요?"

군만두가 나오기를 기다리면서 그녀의 말투를 따라해보고 싶어서 입이 근질근질하다. 극장을 나와 그대로 직진해서 빨려 들어간 곳은 늘 그렇듯 '텐코 만두방(天鴻餃子房)'이다. 이곳은 군만두가 생각날 때마다 달려가고 싶어지는 가게 중 하나, 물론 생맥주와 함께다.

세상에는 '절묘한 조합'이라는 것이 있다. 마리아주(와인과 음식의 궁합) 같은 멋 부리는 말은 시건방지다. 쌍방이 정면으로 맞잡고 다짜고짜 승부를 겨루는 씨름은 이것으로 결판이 날 것이다.

군만두와 생맥주.

'텐코 만두방' 니시키초(錦町) 점은 1953년 창업한 '간다(神田) 만두 가게'가 시초다. 그만큼 만두는 대표 메뉴다. 어린

시절의 추억이 깃든 작은 '원조 만두'도 버리기 어렵지만, 육즙이 뚝뚝 떨어지는 '흑돼지 만두'는 견딜 수 없는 맛이다. 조금 적은 듯한 양배추와 듬뿍 들어간 부추. 흑돼지의 진한 맛이 응축되어 있는 큼직한 놈이다. 바삭하게 구워서 노릇하게 눋은 갓 구운 만두를 한입 물면 도톰한 만두피가 씹히는 맛이 남다르다. 우선 한 개를 다 먹어치운 뒤 차가운 생맥주를 쭉 들이킨다. 감동에 겨워 가게 구석자리에서 TV를 올려다보니 한가로운 오후 와이드쇼가 방영중이다. 아, 행복하구나.

군만두, 생맥주, TV.

진보초_텐코 만두방

최강의 골든 트리오를 수중에 넣고 마치 천하를 얻은 듯한 기분이다. 그러고 보니 〈만춘〉은 오즈 야스지로와 하라 세츠코가 콤비를 이룬 첫 번째 작품이다. 그 후 1961년까지 총 여섯 작품의 오즈 영화에 출연했다. 절묘한 파트너를 만난 덕에 하라 세츠코의 빛이 비로소 발하기 시작했다. 눈앞의 군만두와 생맥주의 콤비처럼. 앗, 하라 세츠코가 군만두라는 것은 아니다. 그저 이해를 돕기 위한 비유일 뿐.

 어깨를 나란히 하고 줄지어 있는 여섯 개의 포동포동한 초승달을 게 눈 감추듯 먹어치웠다. 젓가락을 멈출 수 없게 만든 것은 한 잔의 생맥주다. 알맞게 구워진 연갈색 군만두와 생맥주 콤비에는 무조건 항복이다. 연갈색의 폭력적이라 할 만큼의 위력을 깨닫게 된 것은 유라쿠초(有樂町) '**뉴도쿄 스키야바시(數寄屋橋) 본점**'의 '카미카츠(紙かつ)'이다.

 '카미카츠'와 생맥주. 이 콤비도 흠 잡을 데가 없다. 종이처럼 얇은 돈카츠라서 '카미카츠'인데, 크기가 장난이 아니다. A4 사이즈로 추정되는 크기의 갓 튀긴 연갈색 돈카츠가 접시에서 아름답게 빛난다. 그런데 생맥주 한 잔만 있으면 깨끗하게 먹어치워버리니 대단하다.

 전쟁이 튀김, 멘치카츠(メンチカツ, 다진 고기에 잘게 다진 양파 등을 넣고 반대기를 지어 빵가루를 묻혀서 기름에 튀긴 요리-옮긴이), 크로켓, 군만두. 생맥주가 이렇게 맛있어도 되는 거야? 최고의 궁합에 몸서리를 친다.

"감사합니다!"

주고쿠(中國, 돗토리 현, 시마네 현, 오카야마 현, 히로시마 현, 야마구치 현의 5개 현을 말한다.) 지방의 억양을 가진 여종업원의 목소리를 뒤로 하고 밖으로 나오자 여름다워진 강렬한 햇살이 따갑다. 알딸딸하게 취기가 올라서 비틀거리며 헌책방 순례 시작, 오늘은 수확이 좋을 것 같다.

어느 날 롯폰기

상쾌한 바람 25도
六本木

카운터 너머의 수납장에 투박한 잔이 죽 늘어앉아 있다. 그 옆에는 날씬하고 긴 것, 다리가 없는 것, 두툼한 생맥주잔 같은 것, 하나하나 같은 모양이 없다. 전부 맥주잔이다. 벨기에 맥주의 박력 앞에 주춤거린다.

최근 벨기에 맥주를 좋아하는 사람들이 급증하고 있다는 이야기를 듣고 마셔보지 않고는 견딜 수가 없어서 오랜만에 롯폰기를 찾았다. 시메이(Chimay)를 비롯해 수도원에서 만드는 맥주가 수입되기 시작한 것이 벌써 20여 년 전이니까 몇 종류인가 마셔본 적은 있다. 진하고 깊은 풍미의 맥주를 성배 모양의 잔으로 한 모금 머금으니 일본산 라거의 일률적인 상쾌함과는 전혀 다른 맛이 났다.

처음 본 과일이며 자연발효 맥주가 지천으로 널려 있다. 알코올 도수 10% 전후는 흔하고 20%를 넘는 것까지 있다. 다양하고 복잡한 세계는 꼭 와인을 닮았다. 그에 비해 일본의 맥주는 흔히 말하길 외골수, 바꿔 말하면 무조건 직진이다. 그런데 벨기에 맥주는 다양한 맛으로 마음을 끈다. 그래서 빠져드는 모양이다.

정말인지 확인해보고 싶은 마음에 찾아온 것이 롯폰기의 벨기에 맥주 전문점 '**벨 오브**(Belg Aube)'. 벨기에의 여명이라는 뜻이다. 오랜만에 벨기에 맥주의 문을 두드리고 도장 깨기하러 간다고 용기를 냈건만, 나도 모르게 초장부터 맥주잔의 다양한 종류와 줄지어 늘어서 있는 맥주에 압도되고 말았다.

"우선은 가장 맛있는 것부터 마시고 싶군요."

이 말부터가 잘못되었다. 사장인 스가와라 교헤이(菅原享平) 씨가 "음, 어떤 것을 좋아하실지."라고 난감해한다. 당연하다. 폭도, 깊이도 넓은 벨기에 맥주를 상대로 '가장 맛있는 것부터'는 호박에 침주기와 같다. 그러나 직접 벨기에의 양조장으로 맥주를 사러 가는 스가와라 씨는 대단한 가이드다.

"그럼 분홍 코끼리부터 말씀드려볼까요? 이름은 '델리리움 트레멘스'. 알코올에 의한 환각증상이라는 의미입니다. 상쾌한 맛이 좋아서 계속 마시게 되는데 알코올 도수가 9% 이상이라 정신을 차리고 보면 눈앞에서 덤보처럼 생긴 분홍 코끼리가 빙글빙글……."

롯폰기_벨 오브

그래서 분홍 덤보의 등에 타고 하늘을 산책하고 싶다.

스가와라 씨는 천천히 아깝다는 듯이 맥주를 따른다. 잔에서 병을 10센티미터쯤 떼고 조금씩 따르면서 부드럽고 무거운 거품을 일으키고 윗부분에 불룩해진 거품을 가른다.

"마시기 전에 향을 맡아보세요. 향과 맛을 입에 머금고 천천히 음미하는 것이 벨기에 맥주를 마시는 방법입니다."

맥주잔의 주둥이가 좁은 것은 향을 가두기 위한 구조였다. 코를 가까이 가져가자 부드러운 산미가 코끝에 닿는다. 초원을 산책하고 있는 듯한 대자연을 느낀다. 잔을 가만히 기울이자…… 파인애플이 생각나는 상쾌한 풍미. 상큼한데 묘한 맛이 입맛을 돋운다.

"병 밑바닥에 2센티미터 정도 진한 효모가 섞인 부분을 남겨놓았습니다. 그걸 따라서 섞으면 새로운 풍미로 바뀝니다."

반신반의하며 따르자 이것 봐라! 감칠맛이 확 돌면서 맛이 한층 더 깊어졌다. 이것이 끝을 모르는 벨기에 맥주의 세계인가 보다.

흥분해서 덤보와 춤을 출 것만 같다. 정신을 차리려고 다음에 고른 것이 'XX 비터'. 찌릿하니 쓴맛이 도는 스파이시한 맛인데, 매우 섬세하다. 스파이시한 맛과 쓴맛의 깊숙한 곳에 향기롭고 진한 아로마 호프의 향기가 꽃을 피우고 있다.

"맥주는 선도가 생명이라는데, 벨기에 맥주는 10년이든 20년이든 잠을 재우는 일조차 있습니다. 대부분 병내 발효된 것으로 와인이나 샴페인과 같습니다."

 이곳엔 나무 통으로 50종, 병까지 포함하면 100종 가깝게 직접 사온 벨기에 맥주가 있다고 한다. 벨기에의 울창한 숲을 헤매고 다니다 왔다.

 "······다시 나가야죠."

어 느   긴
　　날　　　자_____ 수국이 피었다. 24.5도
　　　　　　　　　　　銀座

 오늘도 덥다. 수국 꽃이 청색이나 보라색을 띠기 시작하면 등 뒤로 장마의 조짐을 느끼게 하면서도 햇빛은 여름다워진다. 그러면 자꾸만 궁금해지는 장소가 있다.

 비어 가든이 문을 열었을까나?

 드넓은 하늘 아래, 밤바람을 맞으며 마시는 생맥주는 참을 수 없는 맛이다. 한여름에는 한여름의 맛, 장마 때는 장마철이 아니고는 맛볼 수 없는 맛이 있다.

 그런 이유로 긴자 마츠자카야(松坂屋)의 옥상에 있는 비어 가든 '바쿠요테이(麥羊亭)'에 여자 넷이 모인 것이다. 엘리베이터의 'R' 버튼을 누르자 윙 하고 옥상까지 간다. 문이 열리자마자 열대어 매장이 맞이한다. 우와, 어렸을 때 왔던 백화점하고 똑같네. 이곳은 80년대의 향기가 물씬 난다. 옥상으로 나오자 가든 체어와 원형 테이블이 옥상을 온통 차지하고 있고, 저녁 7시가 갓 넘었을 뿐인데도 한 손에 맥주잔을 든 남녀노소로 북적이고 있었다. 밤바람에 흔들리는 노란색 등불, 스피커에서 울려 퍼지는 '글레이(GLAY, 일본의 록밴드-옮긴이)'의 비트, 징기스칸의 구수한 향기.

"생맥주 네 잔 주세요! 안주는 징기스칸."

종종걸음으로 테이블 사이를 헤치고 달려온 종업원의 한마디.

"네, 맥주 나왔습니다."

지체 없이 맥주잔을 들고 모두가 한 목소리로 "건배!"

꿀꺽.

이 한 순간의 공백이 있고 나서 만족에 겨운 우렁찬 외침. 맛있다. 네 명이 함께 하늘을 올려다본다.

"남자들의 비율이 높은걸?"

유짱이 주위를 둘러보며 중얼거렸다.

"게다가 연령층도 폭이 굉장히 넓어."

젊은 남자와 아저씨, 그 사이에 여자가 드문드문 섞여 있는 5, 6인조가 어쩌면 비어 가든의 기본인 모양이다. 윗도리를 벗고, 넥타이를 풀고, 사이좋게 징기스칸용 종이 앞치마를 목에 두르고 별빛 가득한 하늘을 독차지한다.

"꼭 캠핑 온 것 같아."

긴자의 한복판에서 이렇게 멋진 도피처가 있을 줄이야.

징기스칸 요리가 평소의 스트레스를 다 날려버리듯 연기를 피워 올리고 있다. 양고기를 굽는 구수한 향기에 이끌려 젓가락을 뻗자 입 속에 육즙이 흘러넘친다.

"징기스칸은 참 맛있어."

"숙주나물도 맛있어. 맛있는 것은 전부 빨아들인 감동적인 존재감."

숙주나물의 인기가 금세 급상승한다. 생맥주를 두 잔째 주문했을 때 스피커에서 흘러나오는 음악이 지금 분위기에선 눈물 없이는 들을 수 없는 고무로 패밀리(小室ファミリー, 일본의 유명 프로듀서인 고무로 데쓰야가 배출한 스타들을 일컫는 말)의 메들리로 바뀌었다. 시곗바늘도 거꾸로 돌아가기 시작한다. 이런 분위기도 비어 가든의 마력이다. 세상의 떠들썩함도 천상의 이곳까지는 쫓아오지 못한다.

어느 날   나카   메구로_____ 장마 시작 24도
                              中目黒

시즈오카(静岡) 누마즈(沼津) 항 바로 옆에 맛이 아주 탁월한 맥주를 만드는 작은 양조장 '베어드 브루어리(Baird Brewery)'가 있다. 사장은 미국인 브라이언 베어드 씨와 아내 사유리 씨. 브라이언은 미국 양조학교에서 배운 지식을 바탕으

로 맛이 아주 탁월한 병내 발효 무여과 맥주를 만든다. 2000년에 누마즈에서 첫 발을 내디딘 뒤 지금은 일본 전역에서 주문이 밀려드는 인기 맥주 공장으로 성장했다. 그런 이야기를 하자 Y군과 신입사원인 H군이 달려들었다.

"그 맥주, 지금 당장 마시고 싶어요."

그렇다면야 데리고 가주지. 실은 도쿄 나카메구로에 직영점이 생겼다.

꾸준히 사랑을 받는 라거와 에일 맥주 7종에 더해 계절 플레이버(Flavor, 독특한 풍미, 향, 맛―옮긴이) 한정 맥주도 다양하게 구비되어 있다. 작은 시음 잔으로 이것저것 시음도 할 수 있다. 내가 첫 잔으로 고른 것은 감귤류의 상큼한 풍미인 '시즌 사유리', Y군은 감칠맛이 나는 '라이징 선 페일 에일', H군은 쓴맛이 강한 '앵그리 보이 브라운 에일'. 제각각 전혀 다른 풍미이지만 공통된 것은 생홉의 내추럴하고 산뜻한 풍미. 베어드 비어는 탄산을 첨가하지 않고 자연 발포(發泡)만으로 만드는 것이 특징이다. 푹 삶은 맥아에 생홉을 첨가한 후 다시 숙성 중에도 생홉을 넣는 풍부한 맛은 다른 곳에선 만날 수 없다.

"우와, 이거 굉장히 맛있네요."

감개무량하다는 표정으로 두 사람이 합창했다. 맥주 공장에서 직송된 생맥주의 신선함은 특별함 그 자체다. 순식간에 잔이 비워지고, 두 잔째는 '유러피언 서머 에일', '쿠로후네 포터', '모닝커피 스타우트'.

"'맥주는 라거'라고 생각했는데 생전 처음 맛보는 맛이 널렸네요. 충격입니다."

그래, 그게 바로 문제야.

어느 날 롯폰기_ 삼백초가 무성하다. 26.5도 六本木

주말 밤 9시 30분. 이번엔 셋이서 '벨 오브'의 문을 재차 두드렸다. 벨기에 맥주로 맥주의 세계에 들어가려는 속셈이다.

둘째 날 밤 첫 잔으로 추천받은 것은 은은하게 백탁한 색조가 아름다운 '트로블렛'. 느긋하게 시간을 갖고 자기 페이스에 맞춰서 즐겨보라고 라벨의 달팽이가 속삭이고 있다.

"벨기에 맥주라고 마셔본 것은 호가든 화이트비어밖에 없어요. 그런데 이렇게 천천히 시간을 갖고 마시는 것도 신선하네요."

술을 못하는 Y군이 홀짝홀짝 맥주잔을 기울이고 있는 반면 옆자리에서 신입사원이지만 술을 잘 마시는 스물네 살의 H군은 맥주잔을 손으로 감싸고 온도를 올리면서 조금씩 맛보는 모습이 어떤 경지에 이른 주당 같다. 에일 타입의 벨기에 맥주는 확실히 차가울 때보다 온도가 올라갔을 때 향기와 풍미가 선명하게 살아난다. 자기가 좋아하는 맛으로 직접 만들어가면서 마실 수 있는 마음이 넓은 맥주다. 카운터 너머에서 스가와라 씨가 고개를 끄덕인다.

"요컨대 '모닝구무스메(モーニング娘, 일본의 14인조 여성 아이돌 그룹—옮긴이)' 같아요(웃음). 어느 것이나 B급 아이돌 같은 존재여서 멤버 전원이 모든 사람들로부터 사랑을 받는 A급 아이돌은 아니지만 누구 하나라도 좋으면 되는……."

맥주잔의 모양도 천차만별이다. 각각의 양조가가 '자기 맥주를 맛있게 마시길 바란다'는 자기주장을 담은 모양인데, 향이나 거품을 가두거나 취향에 맞게 마시길 바란다는 메시지도 있다. 만드는 사람의 그런 마음을 전달해주는 것이 우리의 일이라고 스가와라 씨가 열변을 토한다.

오늘 밤의 마무리는 '세인트 버나두스 트리펠'. 콧구멍으로 쓱 빠져나가는 달콤한 향, 얼얼하게 혀를 농락하는 스파이시한 자극이 상쾌하고 기분 좋다. 알코올 도수는 넉넉하게 8%.

"잠깐 생각해봤는데……."

Y군이 히죽 웃는다. 대개 좋지 않은 것을 생각했을 때 그렇게 히죽거리며 웃는다.

"한 병에 천 엔이라도 알코올 도수 8%의 맥주를 시간을 갖고 천천히 마시면 일반 맥주를 두 배 마시는 것과 같네요. 그렇게 생각하면 가성비가 엄청납니다."

분위기를 잘 띄우고 의젓하고 여유롭다. 벨기에 맥주와는 꽤 오랫동안 사귈 것 같다.

어 느 날   신바시   치자나무의 꽃봉오리가 벌어지다. 24.5도
新橋

비어 홀은 거리의 보석 같은 곳이다. 맛있는 맥주를 마시고 싶다는 일념으로 비어 홀로 뛰어 들어가면 잘 왔다는 만족감. 맥주 따르기의 명인이 숙련된 기술을 아낌없이 펼쳐 보이며 깜짝 놀랄 정도로 맛있는 맥주를 마실 수 있게 해준다. 비어 홀에서 마시는 각별한 맛, 이것만은 거리로 나서지 않으면 결코 만날 수 없다.

그것을 깨닫게 해준 것이 한 비어 홀이었다. 전에는 도쿄 야에스(八重洲)에 있던 '나다 콜롬비아(灘コロンビア)'의 사장 고(故) 아라이 도쿠지(新井德司) 씨야말로 맥주 따르기의 달인이었다. 1949년 개점 이래 독자적으로 맥주 따르는 방법을 연구하여 터득한 아라이 씨의 맥주 맛은 순식간에 손님들을 사로잡았다. 실제로 그 맛은 한 번 마셔보면 절대로 잊을 수 없는 것이었다. 개운하면서도 부드러워서 술술 넘어간다. 맥주의 진수를 느낄 수 있는 맛이었지만, '나다 콜롬비아'는 아라이 씨가 1993년에 갑자기 돌아가시고 난 후 애석하게도 문을 닫고 전설의 비어 홀로 남았다.

그런데 그 주옥같은 맛을 계승하는 비어 홀이 신바시에 있다. 가게 이름은 '비어레이즈'98(Bier Reise'98)', 사장인 마츠오 고헤이(松尾光平) 씨는 아라이 씨의 애제자다. 마츠오 씨는 '나다 콜롬비아'에서 스승이 애용하던 구식 비어서버를 소중

하게 물려받아서 오늘도 최고의 맥주를 따른다.

역시 술술 잘 넘어간다. 얼마든지 마실 수 있을 것 같다. '비어레이즈'98'의 맥주는 아사히 생맥주인데 마츠오 씨가 따라주는 맥주를 마실 때마다 희한하게 멈출 수가 없다. 문득 정신을 차리고 보면 잔이 비어 있다. 자꾸만 더 마시고 싶어지는 맥주다. 게다가 배가 조금도 더부룩해지지 않는다. 불쾌한 포만감이 전혀 없는 것이다.

"저희 가게에 오시는 손님들은 열 잔 정도는 아무렇지도 않게 마십니다. 흔히들 '입가심'으로 맥주부터 한 잔 마시곤 하는데 '입가심'이라는 것은 한 잔 마시고 나면 두 잔째는 잘 마시지 않죠. 그런데 두 잔, 석 잔 술술 마실 수 있는 것은 그 만큼 컨디션이 좋은 맥주라는 뜻이겠죠."

'컨디션이 좋은 맥주'는 전문가의 기술이 만든다. 명인의 말에는 명인이 아니고는 가질 수 없는 자부심이 있다. 그래서인지 명대사가 계속 나온다.

"맥주 회사는 맥주를 낳는 부모, 생맥주는 인간으로 치면 아기입니다. 맥주를 따르는 사람이 그 장점을 끌어내서 키워주면 반듯한 숙녀로 자랍니다. 억지로 성장시키려고 했다간 기껏해야 날라리 여고생(웃음)."

"탄산가스가 들어 있는 액체라서 가스를 잘 컨트롤해서 맥주 속에 적당한 분량을 가둬주면 맛도 좋고 배도 더부룩해지지 않는 맥주가 됩니다."

신바시_비어레이즈'98

그래, 가자!
오늘도 맛있는 맥주 마시러

"맥주는 거품이 액체와 쓴맛을 나눕니다. 그러므로 거품이 생기지 않는 캔 맥주를 바로 입에 대고 마시면 맛있게 느끼지 못합니다. 맥주에게 있어서 거품은 소중합니다. 거품을 잘 내고 잘 걷어내면 액체에서 떨어져서 탄산가스를 어느 정도 발산시켜줍니다."

마츠오 씨에 의해 맥주는 생명체가 된다. 어디, 그뿐인가, 정성껏 돌보는 손길에 반듯하게 자라서 '마이 페어 레이디'로 변신하는 것이었다.

단, 맥주 맛의 특징 중 하나는 홉의 풍미. 그 쓴맛을 매력으로 인식해서 쓴맛을 잘 다루면서 보리의 단맛을 열게 한다. 이 또한 꼭 보여주고 싶은 솜씨.

"두 번 따라서 쓴맛을 달램으로써 부드럽게 해줍니다. 그럼 실제로 따라보겠습니다. 자, 맥주를 첫 번째로 잔 밑바닥에 따르면 거친 거품이 올라오죠? 여기까지가 평범한 맥주. 위에 있는 거친 거품을 걷어내고 두 번째는 거품 아래의 액체에 서버의 끝을 넣고 정성껏 따라서 채워줍니다. OK, 이것으로 완성."

마셔보라며 건네준 맥주 한 잔의 섬세한 맛에 깜짝 놀랐다.

"이렇게 두 번 따르는 방법을 집에서도 응용할 수 있을까요?"

그러자 명인은 고개를 크게 끄덕였다.

집에서 맥주를 맛있게 마시기 위해서는

> 거품을 내기 쉬운 긴 잔을 고른다. 짧은 잔은 목 넘김이 무거워질 수 있다. 온도차가 있는 쪽이 거품을 내기 쉬우므로 잔은 너무 차갑지 않은 것이 좋다.
> 맥주잔은 똑바로 세우고 우선 거품이 생기도록 기세 좋게 따라서 탄산가스를 뺀다. 거품 양의 기준은 잔의 3분의 2 정도.
> 그 상태에서 잠시 기다리며 거품을 가라앉힌다.
> 잔을 살짝 기울여서 탄산가스가 달아나지 않도록 가장자리부터 조심스럽게 따라서 채운다.

맥주 따르기의 노하우를 아낌없이 얘기한 후 명인은 무언가를 회상하듯 먼 곳을 바라보며 중얼거렸다.

"체코의 '황금 호랑이(우즐라테호 티그라, 체코의 유명 맥주집)'에서 마신 맥주, 그 맛을 아직도 잊을 수가 없습니다. 거품이 입술로 쭉쭉 밀고 들어오는 느낌, 그런 맥주를 따르고 싶습니다."

학창시절 '나다 콜롬비아'에서 아르바이트를 하며 맥주를 처음 만난 이후 30년 가까이 마츠오 씨는 맥주와 함께 걸어왔다.

한 잔의 맥주에는 맥주에 인생을 의지해온 남자들의 이야기가 톡톡 튀고 있었다.

한여름에는 장어를 먹자

"장어를 먹으면 머리가 후끈 달아올라."

여름이 다가올 무렵, 일주일에 친구 세 명한테 이런 이야기를 연달아 들었을 때는 정말 놀랐다. 한 명은 '머리'가 아니라 '이마 근처'라고 말하며 이렇게 덧붙였다.

"장어 도시락을 먹기 시작하는데 이마 근처에서 갑자기 화르륵 소리가 나며 도화선에 불이 붙는 거야."

이해한다. 충분히 이해한다. 나 같으면 장어 도시락의 뚜껑을 열고 냄새를 맡으며 번들번들한 윤기를 본 순간 즉각 뒤로 넘어갈 것이다.

장어는 어떻게 해서 사람들의 이성을 빼앗아버리는 걸까? 장어 도시락이니, 장어덮밥이니, 장어 소금구이니 하며 장어에 대해 말할 때면 사람들의 눈은 반짝반짝 빛이 난다. 그러다 결국엔 넋을 잃고 "아아, 장어 먹고 싶어."라며 몸을 비튼다. 특히 더위가 기승을 부리는 여름일수록 더하다.

어렸을 때 여름방학 동안 두세 번 '장어의 날'이 찾아왔었다. 복날에 어머니가 갓 구운 장어구이를 사오실 때 묵직한 꾸러미에서 확 피어오르는 그 향기, 장어 냄새만 맡고도 금방 침이 고이기 시작한다. 좋아서 폴짝폴짝 뛰면 어머니가 꼭 하시는 말씀이 있다.

"여름이니까 다들 기력을 보충해야지."

그 말투에선 값비싼 음식을 사온 자신을 납득시키려는 듯한 느낌도 받았다.

가족이 모두 모여 장어구이를 맛보고 갓 지은 밥에 장어구이를 얹은 장어덮밥을 입 속에 가득 넣으면 눈이 확 맑아지면서 순간 힘이 솟는 기분이 들었다. 이때다 싶어서 사치를 부리며 먹는 장어는 여름철의 강력한 활력소가 틀림없었다.

물론 지금도 변함없다. 좋아, 사치 한 번 부려보자. 오늘은 장어다! 어른이 되어서도, 아니 어른이니까 그럴 때의 기분은 특히 더 좋아진다.

아침부터 밤까지 시곗바늘이 돌아가는 것과는 상관없이 하루 종일 장어의 전당과 같은 마을이 있다. 그곳은 다름 아닌 지바(千葉)의 나리타(成田)다. 여하튼 스스로 붙인 광고 문구는 이렇다.

'급성장하는 거리 나리타'(うなぎのぼりの街 成田, 우나기우나

ぎ는 장어를 말하고 노보리のぼり는 올라가다는 뜻인데 우나기노보리는 장어가 급류를 거슬러 올라가는 것에 빗대 급상승, 급성장 등을 의미하는 관용구—옮긴이)

7월 15일부터 8월 23일까지 열리는 '나리타 장어 축제'는 2009년으로 5회째이다. 나리타의 여름은 온통 장어로 물든다.

나리타의 장어에는 유래가 있다. 에도(江戶) 시대(도쿠가와 이에야스 세이이 다이쇼군에 임명되어 막부를 개설한 1603년부터 15대 쇼군 요시노부가 정권을 조정에 반환한 1867년까지의 봉건시대—옮긴이), 나리타산(成田山)에서 참배가 성행했을 때 절간 문전의 여관이며 음식점에서 멀리서 온 참배객들을 대접하려고 장어를 내놓기 시작했다. 때마침 에도(현재의 도쿄)에서는 장어의 인기가 올라가던 터라 나리타의 인바(印旛) 늪에서 잡은 자연산 장어가 '맛있다'는 소문은 금방 퍼졌다. 에도에서부터 터벅터벅 걸어와 나리타산에서 참배하고, 그 오랜 여정의 피로를 치유해주는 장어의 맛은 멀리 에도까지 이름을 떨치는 명물이 되었던 것이다.

그런 이야기를 들으면 안절부절 못하는 것이 장어를 좋아하는 사람들의 특징이다.

가자, 나리타로. 먹자, 나리타의 장어를. 역시 장어는 절제력이 통하지 않는다. 근질근질 좀이 쑤셔서 결국 사흘 후 찜통 같은 더위를 무릅쓰고 허겁지겁 도쿄 역에서 전철을 타고 나리타로 향했다.

"가부키(歌舞伎, 음악과 무용, 기예가 어우러진 일본의 전통연극—옮긴이)와 나리타, 실은 인연이 깊다는 걸 아세요?"

햇볕이 강하게 내리쬐는 한여름의 차창을 바라보면서 나리타로 가는 전철 안 옆자리에서 Y군이 뜬금없이 물었다.

"겐로쿠(元禄) 시대(1688~1704)에 큰 인기를 모은 초대 단주로는 부친이 나리타 출신이었어요. 그래서 에도에서 나리타라는 이름이 단숨에 퍼졌죠."

가부키의 열혈 팬인 Y군이 아는 지식을 다 풀어놓는다.

"단주로 부자가 〈츠와모노콘겐소가(兵根元曾我)〉를 연기해서 대히트를 치고, 2대, 3대도 부동명왕의 열렬한 신자였는지, 서민들 사이에서 나리타 부동에 관한 화제가 비등…… 이런 연고가 있습니다."

그리고 나리타는 에도에서 160리 길, 사나흘이면 갈 수 있는 거리여서 서민들이 동경하는 행락지였다고 한다.

♫자아 자, 경기는 나리타산으로부터, 개운번성의 수호신이여 좋다.♫

장어가 먹고 싶어서 얼떨결에 끌려왔을 뿐인데 나리타산이 모두 돌봐줄 것 같은 기세다. 과연 대단한 나리타, 에도 시대부터 끊임없이 참배객이 모여든 핫스팟인 만큼 좋은 일이 기다리고 있을 것 같은 예감이 든다.

나리타에서 장어를 먹는다면 바로 여기! 특별한 관심을 끄는 곳이 '**카와토요(川豊)**'다. 1910년에 창업하여 장어 외길만을 걸었다. 멀리서 나리타산으로 찾아오는 참배객들에게 '장어라면 역시 카와토요'라는 평판을 듣는 음식점이다.

JR 나리타 역에서 내려 동쪽으로 걸어가기 시작하면 바로 나리타산으로 이어지는 참배 길로 들어선다.

"어? 여기 참배 길이네요?"

"응, 틀림없이 참배 길일 거야."

두리번두리번 주위를 둘러보지만 역시 참배 길이다. 아니, 참배 길이라기보다 상점가 같은 분위기였는데, 그렇게 넓지 않은 길 양쪽에는 전병가게, 절임가게, 양갱가게, 토산품가게, 메밀국수가게, 아이스크림가게 등의 가게들이 어수선하게 늘어서 있고, '장어' 간판도 여기저기에서 시선을 끈다. 게다가 인도 요릿집과 태국 요릿집까지 모여 있으니 과연 오는 사람을 거절하지 않는 나리타산이다. 그렇다 하더라도 오늘처럼 햇볕이 쨍쨍 내리쬐는 폭염 속에서는 참배객의 모습도 드문드문 보일 뿐, 참배 길에는 한가로운 분위기가 흐르고 있었다.

저게 뭐지? 길가 여기저기에서 옥색의 깃발이 펄럭펄럭 나부끼고 있었다.

'나리타 장어 축제! 급성장하는 거리 나리타'

탐스러운 장어의 검고 긴 모습이 요염하게 춤을 추면서 맞이한다. 역시 나리타는 장어의 성지라는 것을 실감나게 한다.

완만한 언덕길을 올라가기를 10분, '나리타 관광관'을 지나 마침내 산문(山門)에 다가갔을 때 '카와토요'가 여유로운 모습으로 눈앞에 나타났다.

"아아."

나도 모르게 뛰어갔다. 참배 길 쪽으로 활짝 열려 있는 널찍한 정면, 그 한쪽 구석에서 위풍당당하게 자리를 잡고 있는 대형 도마에 대가리를 고정시킨 장어를 상대로 현란하게 식칼을 휘두르는 모습이 펼쳐지고 있다.

마주보고 앉은 두 요리사가 보여주는 멋진 손놀림은 빈틈이 전혀 없다. 꿈틀꿈틀 온몸을 비틀며 난리를 치는 검은 물체가 2미터나 된다는 은행나무 도마 위에서 마술처럼 배부터 정확하게 둘로 갈라져서 두툼하고 하얀 속살을 드러낸다. 그러고 나서 대가리와 뼈, 힘줄, 지느러미, 간이 깨끗하게 제거되어 살만 남고 다시 가지런히 잘라서 꼬치까지 끼우면 순식간에 한 그릇 완성. 숙련된 솜씨가 유감없이 발휘되고 있다.

꿈틀꿈틀 움직이는 장어가 들어있는 통을 들여다보았다!

한 아름이나 되는 통 속에서 검은 빛의 등이 미끈거리며 윤기가 흐르는 장어, 장어, 장어. 포동포동하게 살이 찐 장어가 뒤엉켜서 꿈틀거리는 모습은 끈질긴 생명력을 여지없이 보여주고 있었다.

그뿐만이 아니었다. 시선을 옮기자 쌓아놓은 통 속에도 장어가 빼곡히 들어 차 있었다. 통에는 끊임없이 물이 흘러들어가고 있고, 즉 '카와토요'의 한쪽 구석은 그대로 활어조였다. 흥미진진하게 바라보고 있자 '카와토요'를 3대째 이어받아서 운영하고 있는 이토 고즈미(伊藤小澄) 씨가 가르쳐주었다.

"활어조에 흘려 넣는 물은 지하에서 끌어올린 우물물입니다. 저래 봬도 장어가 굉장히 섬세해서 어쩌다 우물물에 함유되어 있는 산소가 많아지면 장어의 팔팔한 기운이 사라집니다. 이 우물물의 수질이 아니면 장어 맛을 제대로 낼 수 없습니다."

'카와토요'는 원래 민물고기를 취급하는 도매상이었는데, 장어 외에 잉어, 붕어, 미꾸라지 등 인근에서 잡을 수 있는 민물고기를 전문으로 취급하다 차츰 장어 요리도 팔게 되었다. 지금은 1년 내내 장어의 품질을 유지하기 위해 시즈오카와 아이치를 중심으로 전국의 산지에서 사들이고 있다는데 민물고기에게 수질은 생명. 나리타의 장어는 역시 나리타의 토지와 물이 있어야지 그 맛이 나는 것이었다.

"저…… 더는 못 참겠어요. 장어 좀 빨리 먹으면 안 될까요?"

Y군이 괴로운 표정을 짓고 있었다. 물론 이견은 없다. 아니, 이견은 커녕 나도 한계에 다다랐다. '카와토요'에 들어선 순간부터 살아 있는 장어의 모습에 압도되고, 숙련된 손놀림에 홀딱 반하고, 배가 갈려 두툼하게 드러난 속살에 시선이 고정되고, 가게 안에 가득 차 있는 장어 굽는 냄새에 내내 취해 있었다.

마침 점심때라 태양도 이글거려 장어를 먹기 딱 좋을 때이다. 허겁지겁 안쪽의 이레코미(入れ込み, 음식점 등에서 남남끼리 같은 방에 합석시키는 것-옮긴이) 자시키(座敷, 일본식 주택 양식의 다다미방으로 특히 객

실로 사용한다. 좌식 식당을 말하기도 한다—옮긴이)로 뛰어가 방석에 앉은 Y군이 숨을 헐떡이며 주문한다.

"장어 도시락 두 개, 기모스이(肝吸い, 장어 내장으로 끓인 맑은 국—옮긴이) 두 개, 그리고······."

"아, 그전에 잉어 회, 소금구이, 맥주 한 병이요."

장어는 기다리고 있는 그 짧은 시간이 또 색다른 즐거움이다. 기대감으로 가득 차서 '카와토요'가 자랑하는 잉어 회와 소금구이를 맥주와 먹으며 대표선수가 입장하기를 기다리는 것이 내 취향이다.

겨우 평상심을 찾고 주위를 둘러본다. 이레코미 자시키도 나름 좋구나. 처음 보는 손님끼리 꼭 친척 같다. 장어 도시락을 열심히 먹고 있는 아줌마 4인조, 사케와 소금구이로 여유롭게 한잔하고 있는 아저씨. 관광 가이드의 안내를 받아 들어온 외국인 부자······ 제각각 다르지만 뭔지 모르게 일체감이 있다. 모두 '카와토요'의 분위기에 녹아들어서 완벽히 하나의 풍경이 되었다.

쫄깃하고 시원하게 씹히는 맛의 잉어회를 초된장에 찍어서 먹고 있는데 소금구이가 나왔다. 젓가락으로 살을 바르자 하얗고 부드러운 살이 단정치 못하게 뭉개진다(장어를 대할 때면 왜 아저씨가 되어버리는 걸까). 조심스럽게 집어서 혓바닥 위에 올리자 배 부분은 폭신폭신, 꼬리는 쫄깃쫄깃, 담백한데 맛에 변화가 있다. 가격은 2,200엔. 갑자기 즐거워진다.

나리타_카와토요

"장어 도시락에 기대가 더 높아지는군."

조금씩 맛보면서 나 스스로 흥분을 부추기며 안달을 낸다. 소금구이에는 이런 자학적인 쾌락도 함께 감춰져 있다.

"앗."

"엇."

괴상한 신음소리를 내며 거의 동시에 앉은 자세를 바로 했다. 장어 도시락의 등장이시다.

"오래 기다리셨습니다. 기모스이(55p 참고)도 바로 가지고 오겠습니다."

달그락. 테이블 위에 칠기 도시락이 작은 소리를 내며 자리를 잡는다. 완전히 아저씨로 빙의한 두 사람이 히쭉거리면서 장어 도시락을 기쁨에 겨운 표정으로 바라본다.

뚜껑을 연다.

숨을 죽인다.

그 후 어디로 달아날까 봐 황급히 냄새를 들이마신다.

도시락 가득히 살이 오른 장어구이가 이불처럼 깔려서 반짝반짝 빛난다. 스며나오는 향기도 모두 나만의 것. 무슨 일이 있어도 이 도시락만은 남에게 절대로 줄 수 없다.

젓가락으로 가장자리부터 가만히 떠서 밥과 함께 입에 넣는다. 설탕과 간장으로 조미한 양념장의 풍미는 짙은 편이고, 살이 오른 두툼한 장어에 깊이 배어서 일심동체, 진하고 풍만하다. 게다가 장어 본연의 맛이 그대로 살아 있다.

"분주한 가게가 아니면 이 양념장의 맛은 유지할 수 없을 겁니다."

방금 전에 이토 씨가 말했다. 갓 구운 장어를 꼬치에 끼워서 양념장 병에 푹 담근다. 그때마다 우러나온 장어 본연의 맛과 기름기가 양념장의 맛을 더 깊게 한다.

"하루에도 셀 수 없을 정도로 꼬치를 넣었다 꺼내는데, 그때마다 양념장이 환생한다고나 할까요?"

이따금 보충해 넣기 위해 새로 만드는 양념장과 병 속의 양념장, 각각의 맛은 전혀 다르다고 한다. 그렇기 때문에 양념장이 들어 있는 병은 가게의 보물이다. 이성을 내팽개쳐버리게 만드는 맛이 어쩐지 무서웠다.

조금 먹다가 산초를 뿌려서 다시 젓가락을 쥐고 그 다음부터는 먹는 데만 집중해서 흥분에 그냥 몸을 맡긴다. 마지막 쌀한 톨까지 다 먹고 나니 온몸이 후끈후끈 달아오르고 머리가 뜨겁다.

장어는 사람의 입을 막아버린다. Y군이 젓가락을 놓고 꺼낸 첫 마디가 이랬다.

"이 부근이 화끈화끈 뜨겁지 않습니까? 어쩐지 이마 한가운데에 세 번째 눈이 생긴 것 같지 않습니까?"

그런데 계산서를 보니 상(上) 장어 도시락 2,800엔, 기모스이 100엔. 고맙기도 하고 미안하기도 하여 계산을 하면서 감사를 전했다.

"잘 먹었습니다."

정말로 맛있었다. 만족, 대만족. 은행나무 도마를 사이에 두고 마주 앉아서 장어를 한 손에 잡고 한마음으로 작업에 열중하는 요리사 여러분께도 감사의 말씀을 드리고 싶다.

"꼬치 끼우기 3년, 가르기 8년, 굽기는 평생."

장어 가게에서 하는 일을 말해주는 말이다. '카와토요'에서 40년 동안 일한 직원은 구입한 장어를 보고 "이건 특히 더 맛있다, 이건 못 쓴다."고 순식간에 골라낸다고 한다. 꼬치를 끼우는 사람부터 장어를 굽는 사람까지 방심하지 않고 일하는 것이 '카와토요'의 맛, 나리타 장어의 맛을 지탱하고 있었다.

터질 것 같은 배를 쓸어내리면서 언덕을 조금 올라 나리타산 신쇼지(新勝寺)로 참배하러 갔다. 새 총문(總門)은 2년 전에 지어졌다. 돌계단을 올라가면 덴포(天保) 2년(1831년)에 재건되었다는 웅장하고 화려한 인왕문이 우뚝 솟아 있다. 문을 지나 다시 돌계단을 올라가면 정면에 넓은 경내가 나타나고, 대본당이 높이 서 있다. 자, 드디어 참배. 여기에선 역시 제대로 예불을 올리지 않으면 나리타산에도, 장어에게도 미안해서 고개를 들지 못할 것이다.

대본당에 들어가자 본존불 앞에서 한창 호마(護摩) 기도(부동존 앞에서 불을 피워 재앙이나 악업을 불태워 없애는 의식-옮긴이)가 행해지고 있었다. 이것이 오랫동안 신심이 깊은 남녀노소를 끊임없이 불러 모은 호마였다. 호마의 불은 부동명왕의 지혜를, 호마 나무는

번뇌를 나타낸다. 활활 타오르는 불길에 장엄한 진언밀교의 기도가 겹쳐지고 멀리서 온 참배객들은 신의 가호를 빌며 고개를 숙이고 있다. 두 사람은 무언가에 끌리듯 그곳에 자리를 잡고 앉았다.

나리타산에서의 참배를 무사히 마치고 나니 안도감을 느꼈다. 참배도 마쳤고, 장어는 이미 먹은 터라 긴장의 끈이 풀려서 참배 길을 되돌아오며 주위를 두리번거렸다. 1935년에 건조된 망루가 솟아 있는 호사스러운 목조건축물 '오노야 여관(**大野屋旅館**)'을 올려다보고, 절임가게에서 오이복어절임을 맛보고, 토산품가게에서 명물 땅콩 파이와 만두를 찾다가 장어 치즈 케이크를 발견하고 즉시 맛을 보았다. 장어 진액이 들어 있다고 하는데 그 말을 듣지 못했다면 전혀 몰랐을 것이다.

이제 조금만 더 가면 참배 길도 끝이다. 왠지 서운한 기분이 들어서 1845년에 창업한 '**고토(後藤) 경단가게**'로 들어가 빙수를 주문했다. 장어에 빙수! 어머니가 보았다면 배탈 난다고 야단을 쳤겠지만 그래도 상관없다.

주문이 들어올 때마다 얼음덩어리를 꺼내 옛날부터 쓰던 빙수기로 얼음을 갈아 만드는 빙수는 아삭아삭 시원한 맛이다. 빙수를 다 먹을 때까지 얼음이 녹지 않았고, 그 후 깜짝 놀랄 정도로 시원한 딸기 우유 한잔을 곁들였다.

참배를 마치고 돌아오는 할머니가 포렴(가게 입구의 처마 끝이나 점두에 치는 상호가 쓰여 있는 막·울긴이)을 젖히고 불쑥 들어왔다.

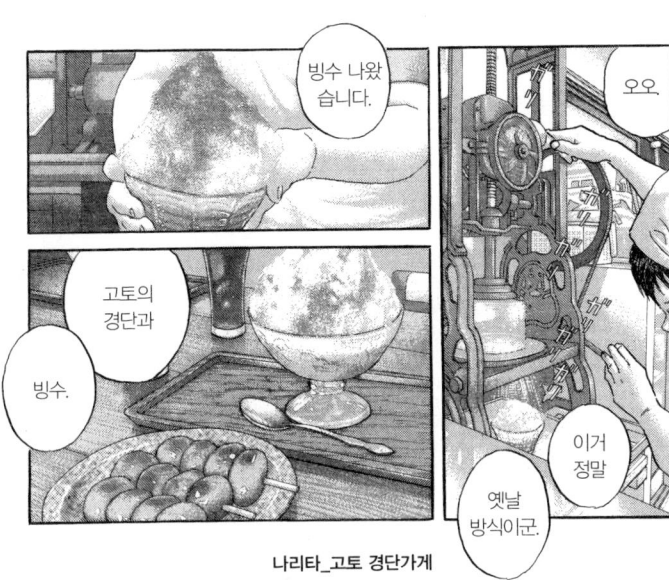

나리타_고토 경단가게

"여기 빙수요. 그리고 딸기 우유 주세요."

여름 참배의 즐거움은 얼음. 가을과 겨울은 구운 경단. 봄은 쑥 경단. 이 가게도 참배객들을 부지런히 맞이하고 있었다.

활짝 열린 창문으로 오후의 기분 좋은 바람이 지나간다. 장어도 훌륭하고, 빙수도 훌륭하고, 게다가 참배까지 마쳤으니 오늘은 정말 좋은 날이다. 언젠가 이웃집 아주머니가 귀엣말로 말해주었다.

"나리타산으로 참배하러 가면 꼭 좋은 일이 생겨요. 이거 정말이에요."

첫 나리타산 참배는 하나에서 열까지 좋은 일만 있었다. 광고 문구처럼 역시 급성장하는 거리가 틀림없었다.

하루 종일 더웠다. 해가 기울고 마침내 산들바람이 불기 시작한 주말 저녁때 오늘은 천 엔짜리 두 장을 들고 훌쩍 샌들 바람으로 장어 꼬치구이를 먹으러 나섰다.

서두르자, 서둘러!

'카와세이(川勢)'는 오후 다섯 시에 문을 여는데 순식간에 자리가 꽉 찬다. 도쿄 스기나미(杉並), JR 오기쿠보(荻窪) 역 북쪽 출구에서 고작 1분 거리. 역에서 나오자마자 바로 80년대의 분위기를 물씬 풍기는 아케이드 거리가 있다. 그 속에 둘러싸이듯이 자리 잡고 있는 것이 '카와세이'. 카운터 열 석 정도의 작은 가게지만, 점주인 스즈키 야스하루(鈴木康治) 씨는 장어 꼬치구이의 외길 인생 33년째이다. 단골손님들로 인해 오늘도 다섯 시가 되자마자 바로 자리가 꽉 차버렸다.

카운터 너머에서 숯불이 활활 타오르고 있다. 전부 손으로 직접 굽는다. 장어의 대가리부터 꼬리까지 뭐든지 다 있다. 세트를 주문하면 1인분에 여섯 종류의 꼬치가 나온다.

키모야키(きも焼き, 장어의 내장을 양념장으로 구운 것-옮긴이)
히레야키(ひれ焼き, 장어의 등지느러미를 부추로 말아 구운 것-옮긴이)
바라야키(ばら焼き, 장어의 뱃살을 소금으로 구운 것-옮긴이)

레바야키(れば焼き, 장어의 간만을 소금으로 구운 것—옮긴이)

쿠시마키(串巻, 장어의 등살을 양념장으로 구운 것—옮긴이)

야와타마키(八幡巻, 우엉을 심으로 해서 장어나 미꾸라지를 감아 양념해서 굽는 것—옮긴이)

이렇게 1,240엔! 생맥주 한 잔 마시고도 잔돈이 남는다. 소주는 한 잔에 350엔. 두 잔을 충분히 마실 수 있다. 2,000엔으로 배도 부르고 만족도도 최상이어서 불평할 이유가 없다.

"세트 하나 주세요. 그리고 생맥주."

그러자 옆 자리에서 익숙한 목소리가 들려왔다.

"저도 같은 걸로 주세요."

깜짝 놀라서 돌아보니 앗, Y군이 싱글싱글 웃으면서 두 손을 비비며 말하는 것이었다. "나리타에서도 기가 막히게 맛있었는데 여기도 엄청 맛있나 봐요." 주말에 '카와세이'에 가려면 다섯 시에 딱 맞춰서 오라고 말한 적이 있다. Y군의 먹겠다는 굳은 의지에는 경의를 표한다.

생맥주로 건배하며 하루의 피로를 달래고 있을 때 처음에 나온 세 개가 키모, 바라, 레바(63p 참고).

키모는 쫄깃하게 씹히는 맛이 나고 살짝 쓴맛이 남는다. 바라는 등뼈의 한가운데 부분인데 탱글탱글한 식감이다. 레바는 한 입 씹으면 선도가 좋다는 것을 바로 알 수 있을 정도로 탄력이 좋다. 같은 장어인데 맛도 식감도 전혀 다르다. 담백하고 가벼운 양념장이 오히려 여섯 가지로 변화되는 맛을 이끌어내고 있다.

"굉장하네요. 장어에 이렇게 많은 부위가 감춰져 있다니. 역시 장어는 정말 사치스러운 생선이네요."

칭찬을 받고 나도 의기양양해진다.

"양념구이와 소금구이만이 장어라고 생각했는데 완전히 잘못 알고 있었네요."

하긴 뭐 나도 그것을 안 것은 '카와세이'의 사장인 스즈키 씨가 옛날에 수업을 받은 나카노(中野)의 '카와지로(川二郎)'에서였으니까.

'카와지로'도, '카와세이'도 품과 시간을 아끼지 않고 정성을 다하는 곳이다. 생각해보면 레바도, 키모도 한 꼬치에 아낌없이 몇 마리분이 들어간다. 매일 아침 일곱 시부터 시작된다는 재료 준비를 생각하면 고개가 절로 숙여진다.

옆자리에는 거의 매일 드나든다는 커플이 앉아 있었다.

"맛있다, 정말 맛있어!"

매일 먹어도 전혀 질리지 않아라며 떠들썩하게 이야기를 주고받으면서 행복에 겨운 표정으로 생맥주를 마시고 있다.

장어는 정말 희한하다. 손님뿐만 아니라 장어 가게 사장님들도 먹고 싶다고 난리다. 나리타 '카와토요'의 이토 씨는 "매일 장어를 취급하고 있어도 먹고 싶습니다."라고 말했고, '카와세이'의 스즈키 씨도 "제가 직접 굽고 있지만 참 맛있어 보여

스기나미_카와세이

요. 항상 먹고 싶다니까요."라고 말했다. 영양도 만점으로 비타민A와 E는 타의 추종을 불허하고, 칼슘과 B군도 풍부하다. 에도 시대에 장어가 큰 인기를 모은 것도 고기가 금지되던 시대에 서민이 먹을 수 있는 음식 중 영양가가 가장 높은 음식이었기 때문일 것이다.

"오래 기다리셨습니다."

나머지 꼬치 세 개가 나왔다. 히레야키는 등지느러미 부분을 부추로 말아서 구운 것으로 포동포동하고 부드러운 식감이고, 쿠시마키는 넉넉하게 몸통의 4분의 일을 꼬치에 끼운 것으로 씹는 맛이 좋고, 야와타마키는 우엉 심에 장어를 말아서 구운 것으로 볼륨감 만점이다. 어느 것이나 껍질의 고소한 맛이 절묘하게 균형을 이루고 있다.

돌직구 같은 꼬치 여섯 개, 중간중간 입맛을 돋궈주는 시원한 생맥주. 먹는 이에게 이렇게까지 감동을 줄 수 있다면 장어도 만족할 것이다. 그 외에도 볼과 머리 부분에 잘게 칼집을 넣어서 씹는 맛이 즐거운 에리야키, 탱글탱글한 살이 매력적인 단자쿠야키(短冊焼, 장어 살을 직사각형으로 잘라서 꼬치에 끼워 구운 것–옮긴이), 연근을 싸서 묘한 식감을 맛볼 수 있는 하스야키(ハス焼き)······ 섬세한 솜씨에는 감동할 수밖에 없다. 마무리로 장어덮밥을 주문하자 금방 만들어서 사발에 담아 준다.

각자 2,000엔에 너무 잘 먹었다. 또 오겠습니다!

여름이 한창일 때는 장어가 제격이다. 바야흐로 9월이 되면 맛이 더 좋아진다. 그 힘을 빌려 여전히 더위가 맹위를 떨치는 하루하루를 건강하게 헤쳐 나가고 싶다.

이케부쿠로_{池袋}에서 중국 둥베이_{東北} 여행

♬하여간 변덕하곤 도쿄 이케부쿠로의 밤이여♬

허스키한 목소리로 노래하는 아오에 미나(青江三奈)의 〈이케부쿠로의 밤〉이 대히트를 친 것은 1968년. 40여 년 전에 이미 미나 씨는 꿰뚫어보고 있었다. 이케부쿠로는 변덕을 부리며 예상할 수 없는 전개를 보이고 있다는 것을 말이다.

JR 이케부쿠로 역 북쪽 출구를 나서면 비좁은 로터리가 무질서한 혼돈으로 들끓고 있다. 신호를 무시하고 길을 건너다 차에 부딪힌 아주머니의 중국어 비명소리, 빨간색과 황금빛의 원색이 춤을 추는 한자 간판, 가게 앞에 늘어놓은 유타오(油條, 기름에 튀긴 중국 빵—옮긴이)와 니타마고(煮卵, 삶은 달걀을 조린 것—옮긴이), 산더미처럼 쌓여 있는 중국어 신문 그리고 이따금 붓순나무나 진한 간장 향이 코를 간질인다.

"교차로에 서 있으면 들려오는 것은 둥베이(東北) 지방의 사투리밖에 없어요. 10년 전에는 상하이어(上海語), 베이징어(北京語), 푸젠어(福建語)뿐이었는데."

그래서 요즘 주눅이 들었다고 이케부쿠로에서 20년째 살고 있는 상하이 출신의 남성이 말을 한다.

옛날에 요코하마(橫浜)나 고베(神戸), 나가사키(長崎)와 같은 항구 도시에 살던 중국인들은 '노(老) 화교', 80년대 무렵부터 취학비자를 들고 급격히 몰려든 중국인들은 '신(新) 화교'라 불린다. '신 화교'들에게 이케부쿠로는 월세가 저렴한 방이 많고, 일본어 학교나 전문학교도 있고, 도심에 가까운 터미널 역으로서 통근과 통학에도 편리하다는 이유로 최상의 주거지가 되었다. 이케부쿠로 도시마 구(豊島区)에 거주하는 중국인 수는 신주쿠 구(新宿区)에 이어 도쿄 도내에서 두 번째(2012년 기준 11,632명)로 많다. 2000년 이후, 중국의 경제 성장과 함께 일본으로 오는 중국인 수가 늘어났는데, 특히 이케부쿠로에는 중국의 둥베이 지방 3성, 즉 랴오닝 성(遼寧省)·지린 성(吉林省)·헤이룽장 성(黑龍江省) 출신의 '신 화교'가 모여들게 되었다.

사람은 사람을 부른다. 사람이 모이면 당연히 장이 선다. 이케부쿠로 서쪽 출구에서 북쪽 출구 일대는 중국 식료품점과 서점, 비디오 대여점, 여행사가 들어섰고, 정비 개발이 진행된 동쪽 출구와 선로를 사이에 두고 반대쪽인 북쪽 출구 주변에

중국 둥베이 지방의 음식점이 들어섰다. 어디를 들어가도 손님은 거의 중국인, 종업원도 모두 중국인, 사방에서 중국어가 떠들썩하게 오가는 소리를 듣고 있으면 묘한 기분에 휩싸인다.

'여기가 어디지?'

어느새 중국 둥베이 지방으로 훌쩍 날아온 것 같다. 여하튼 눈앞에 있는 큰 접시에 산더미처럼 쌓여 있는 것은 둥베이 지방의 명물 '둥베이장다구(東北酱大骨, 돼지 등갈비찜-옮긴이)'이다.

"친구를 만날 때는 늘 이케부쿠로에 와요. 정보도 교환할 수 있고, 돌아가는 길에 말린 식품이나 조미료도 살 수 있고요."

헤이룽장 성 출신의 스물한 살 먹은 여자가 일하는 중국 가라오케는 고향 친구들의 주선으로 들어가게 되었고, 설령 아는 일본인이 없어도 이 일대에서는 중국인 커뮤니티에 들어가면 생활하는 데 불편한 것이 없다고 한다.

"중국인은 함께 모여서 식사하는 것을 좋아해요. 그래서 이곳의 싸고 맛있는 둥베이 요리를 좋아하죠. 도쿄에서는 다른 데는 없으니까요."

이케부쿠로에 오면 그리운 고향의 맛이 기다리고 있다. 북쪽 출구 앞에 있는 허름한 건물의 4층, 랜드마크와 같은 존재인 '찌인 중국식품(知音中國食品)'에 들어가 보면 중국에서 직수입한 식재료가 빼곡히 진열되어 있다. 간식으로 빼놓을 수 없는 수박이며 해바라기 씨, 화메이(話梅, 매실을 말린 것—옮긴이), 뉴젠쓰(牛腱絲, 잘게 찢은 소 아킬레스건의 간장조림—옮긴이), 가정요리에 쓰는 말린 대추와 간더우푸(干豆腐, 건두부—옮긴이), 간 콩과 곡물, 둥베이 지방의 독특한 텐진둥차이(天津冬菜)와 쏸차이(酸菜) 등의 절임류, 껍질이 있는 돼지고기, 조기, 조미료…… 모든 것이 다 구비되어 있다.

바로 옆에 있는 식당 '찌인 샤오츠 광장(知音小吃廣場)'으로 들어가 보니 가재고추조림까지 있다. 둥베이 지방에서는 가재가 약이 되는 음식으로 친숙한 식재료다. 껍질을 벗겨서 살을 발라 먹고 있는데 옆 테이블에서는 둥베이 출신으로 보이는 점퍼 차림의 아저씨 두 분이 파오자오좌(泡椒爪, 산초 맛의 닭발 요

리-옮긴이)를 신나게 먹고 있다.

"정말이요? 야마테 선(山手線)을 타고 중국 여행을 할 수 있다고요?"

수화기 너머에서 활기에 찬 목소리로 되물은 것은 '식도락 여행 친구'인 Y군이다. 단, 중국 요리는 네다섯 명이 가야 제대로 즐길 수 있다고 말하자 며칠 후에 바로 연락이 왔다.

"네 명을 확보했습니다. 그중에 한 명은 몸무게가 0.1톤의 거한이니 2인분으로 봐도 충분하겠죠. 실제로는 다섯 명 수배 완료."

시원한 밤바람이 기분 좋은 저녁 7시. 모두가 북쪽 출구 앞에 집결하여 문을 열고 들어간 곳은 선로를 따라 도보로 3분 정도 거리에 있는 '다이호(大宝)'이다. 랴오닝 성 선양(瀋陽) 출신의 가족이 경영하는 이 음식점은 둥베이 출신들에게 평판이 좋다. 자리에 앉자마자 생맥주잔을 한 손에 들고 메뉴판을 들여다보며 얼굴을 맞대고 쑥덕거리기 시작했다.

"왠지 압도당하는 것 같아."

"처음 보는 요리가 너무 많아서 눈이 핑핑 도네."

몇 번 다녀봤다고 선배 티를 내며 "용기가 없으면 맛있는 것을 얻을 수 없지요."라고 조언한다. 둥베이 지방의 태반이 바다에서 멀기 때문에 해산물은 패스해도 된다. 만두나 볶음밥으로 소심하게 주문하지 말고 우선 지방색이 뚜렷한 요리를 과감히 먹어보자. 익숙한 채소 요리라면 먹기 쉽다……. 사진을 일일이 검토하면서 모두 스스로 고른 냉채는 이런 것들이다.

닭똥집과 오이의 무침(빤지쩬, 拌鷄珍) 480엔

감자 무침(량반투더우쓰, 涼拌土豆絲) 580엔

가정식 된장 냉채(서우쓰차이, 手撕菜) 680엔

둥베이 넓적당면 특제 냉채(둥베이따라피, 東北大拉皮) 1,280엔

소 정강이살 간장 조림(장뉴러우, 醬牛肉) 780엔

멋지다. 과연 먹깨비 팀이다. 맛있는 것을 먹고야 말겠다는

집념이 메뉴 선택에 결실을 맺었다. 로마에 가면 로마의 법도를 따르라고 우선 둥베이 지방이 아니면 맛볼 수 없는 요리를 고르는 것이 공략의 기본이다.

곧바로 접시 다섯 개가 테이블 위에 놓였다. 매콤달콤하게 데친 감자채 무침, 마늘 듬뿍, 아삭아삭한 다진 오이와 닭똥집, 된장으로 무친 양배추와 피망, 당근, 풋고추. 산뜻하고 얼얼하게 매운맛이 생맥주를 부른다.

"우와, 이거 맛있다!"

모두가 탄성을 지르며 눈이 동그래진 것은 '넓적당면'에 당근과 오이채를 섞어서 지마장(芝麻醬, 참깨를 갈아서 만든 소스—옮긴이)에 찍어 먹는 둥베이 지방의 명물 냉채 때문이었다. 투명한 '넓

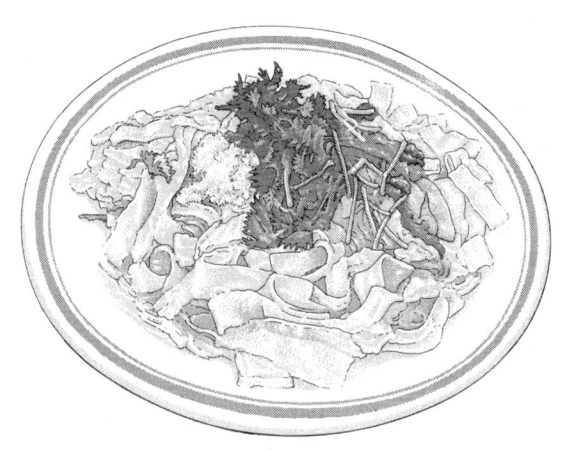

다이호 '둥베이따라피'

적당면'은 녹두로 만드는 폭이 넓은 면 모양의 펀피(粉皮, 얇고 둥글게 생긴 묵—옮긴이)로 매끈매끈하고 부들부들하다. 시원한 식감은 한번 먹으면 절대로 헤어 나올 수 없다. 올가을에 결혼을 앞둔 0.1톤의 I군이 젓가락을 민첩하게 움직이는 모습도 최상의 컨디션이었다.

"깔끔하고 먹기가 편해!" "소박하고 온화해."……태평하게 입맛을 다시고 있을 때였다.

갑자기 안쪽의 4인 손님 중 한 아가씨가 의자를 박차고 일어나 소리치는 바람에 우리 일행은 젓가락을 든 채 그대로 굳어 버렸다. 소리를 지른 아가씨에게 덤벼들려는 것을 일행에게 제지당하는 남자. 어이쿠야, 경찰이 출동할 차롄가? 숨을 죽이고 있는데 머지않아 사태는 수습되었다. 사랑싸움인가? 둥베이 지방 사람들의 기질은 유난히 성실하고 느긋하며 근면하다고 알려져 있는데, 과연 옥신각신 싸우면서도 뒤끝이 없는 깔끔한 성격이다. 옆 테이블의 중국인 커플도 한 번 힐끗 쳐다봤을 뿐 별로 신경 쓰지 않고 돼지고기 탕수육에 정신이 팔려 있다.

"지금 중국 여행을 하고 있는 게 확실하네요."

기분이 좋아 보이는 Y군의 모습에 갑자기 서비스 정신이 솟구쳤다.

"그럼, 이것도."

"……자찬융(炸蚕蛹) 980엔. 자, 잠깐만요. 나도 한자는 읽을 수 있으니까요!"

정답. 누에 번데기 튀김이다. 이것도 둥베이의 명물이니 여행을 가거든 꼭 기념품으로 사오길. 금세 나온 접시를 가만히 응시하는 일동, 꿀꺽 삼킨 마른침은 과연 먹을 수 있을까 하는 두려움의 증거일까?

  통통하고 검은 윤기. 줄무늬 모양. 엄지손가락만 한 크기.

  그런데도 일을 위해서라면 기꺼이 몸을 던지는 Y군은 마음을 굳게 먹기 시작했다. I군도 선배를 버릴 수 없다며 젓가락을 고쳐 쥐었다.

Y군 "응? 겉은 바삭하고 구수한데 씹으니 쓴맛이 조금 있군. 과자처럼 생각 외로 먹을 만 해."

 (사오싱주(紹興酒, 찹쌀을 발효시켜 만든 사오싱 지방의 술) 꿀꺽)

I군 "포동, 바삭, 포동, 바삭의 연속이네요. 왠지 영양가가 많을 것 같아요."

 (생맥주 꿀꺽)

Y군 "그런데 I군, 사오싱주는 잘못 고른 것 같아. 입 속에서 뒷맛이 확 퍼지네. 게다가 이거 식으니까 약간 버거워."

  미안, 두 사람에게 번데기 튀김 접시를 다 맡겨버려서... 하나, 둘, 셋…… 실눈을 뜨고 몰래 세어보니 검은 광택을 내뿜는 물체가 쉰세 개. 그중 마흔다섯 개의 번데기 튀김을 남겨놓은 채 허둥지둥 **고모쿠탄멘**(五目湯麵, 중국식 라면이라 할 수 있고, 면 외에 재료가 많이 들어가 있다–옮긴이)과 단단멘(担担麵, 중국 음식으로 매콤한 국물에 면을 넣어 먹는 쓰촨四川 지방 요리)으로 눈을 돌리는 두 사람을 탓할 수는 없었다. 아니, 잘해줬다. '다이호'를 나온 직후 바로 근처에 있는 중국 선술집 '도쿄추카가이(東京中華街)'로 들어가 고추로 양념한 양고기 꼬치와 물만두, 죽순 냉채, 삶은 땅콩을 먹어치우고, 생맥주와 사오싱주도 순식간에 해치웠다. 필시 잊어버리고 싶은 맛의 기억이 있었음이 틀림없다.

중국의 최북단에 위치하는 헤이룽장 성, 랴오닝 성, 지린 성을 포함한 둥베이 지방의 인구는 전국의 약 8%에 해당하는 약 1억 1,000만 명. 국유기업이 몰려 있는 중공업지대로서 중국 경제발전의 일익을 담당해온 지역인 만큼 문화교육시설이나 과학연구기관이 충분히 갖춰져 있고, 교육수준도 높다. 또 인근의 러시아나 북한의 문화적인 영향이 강한 다문화권이고, 거리의 모습에도 독특한 분위기가 흐른다. 한민족(漢民族)과 한족, 몽골족, 회족이 많이 살고 있고, 북한과 강을 사이에 두고 인접한 지린 성·옌볜조선족자치주의 주도인 옌지(延吉)는 탈북자가 일시적으로 피난하는 곳으로 유명하다.

"……흐음, 그렇군요. 그래서 이름이 이런가 봐요."

마사코와 미나가 납득한 표정이다. 주말에 두 사람을 데리고 온 북쪽 출구 '평화 도로'의 음식점은 '阿里郞'이라 쓰고 '아리랑'이라 읽는다. 메뉴판에는 둥베이 요리, 쓰촨 요리와 함께 배추김치, 부침개, 된장찌개, 감자탕 등 한국 음식이 당연하다는 듯 떡하니 자리 잡고 있다.

이케부쿠로에는 엔벤 요리라 불리는 조선족 요리가 나오는 음식점도 곳곳에 있다. '아리랑' 외에 역 근처의 '킨오후(金王府)'에서는 개고기 요리를 팔고, '라쿠라쿠야(樂樂屋)'에서는 땅콩나물, 콩나물, 숙주나물, 김치 등의 반찬에 생마늘을 씹으면서 갓 구운 고기 꼬치를 먹을 수 있다. 전에는 복도에 풍로를 내놓고 구워주었는데, 복도에서 연기를 풀풀 풍기는 것이 미안했는지 지금은 테이블에서 숯불에 굽는다. 꼬치 하나에 100엔, 커민과 산초, 고추 냄새가 감도는 뜨거운 양고기꼬치에 차가운 맥주는 환상적인 맛이다. 중국인이라면 식후에 3층에 있는 중국 가라오케 '후레이카(富麗華)'로 가서 노래를 부르며 밤을 지새운다.

큰소리로 얘기하고, 배터지게 먹고, 양기(陽氣)에 취한다. 꾸밈없는 분위기에 몸을 맡기고 있으면 정말 기분이 좋다. 일본을 과도하게 의식하지 않고, 울타리를 만들지 않고, 사소한 걱정도 없이, 태어난 고향에서 친구와 허물없이 지내는 순박한 모습 그대로 그것이 그들의 방식이다. 따라서 설령 가게 사람과 말이 통하지 않아도 손짓과 몸짓으로 뜻만 전해지면 그것으로 충분하다. 서비스가 어떻다느니 맛이 어떻다느니 시시콜콜 따지는 것은 오히려 재미없다. 몸을 완전히 맡기고 즐긴다, 그것이야말로 다른 문화를 여행할 때의 묘미이니까.

중국 색이 점차 짙어지는 최근에 들어서 이케부쿠로 역 서쪽 출구에서 북쪽 출구 일대를 도쿄의 '차이나타운'으로 만들자는 말들이 생겨났다. 그 중심은 인근의 중국인이 경영하는 50개 점포에서 발족한 '도쿄 중화거리 촉진회'이다. 하지만 지역 상점가에서 쉽게 찬성해주지 않는 등 당면 과제가 산적해 있다. 촉진회의 멤버가 슬쩍 속내를 털어놓았다.

"지금까지 중국인끼리의 연대도 없었고, 아무래도 다들 자기들의 사정과 이익을 우선시하게 되었을 테니 좀처럼 결론이 나지는 않을 겁니다. 실현되려면 시간이 꽤 걸릴 것 같아요."

90년대에 중국 식품과 비디오를 수입하는 회사로 출발한 '양광성(陽光城)'의 꾸지친(顧梓芹) 씨가 쓴웃음을 지었다.

"주간지나 신문에서 재미 삼아서 희한하게 '지역 상점가와 전쟁 발발'이라고 부채질을 하는데 그런 사실은 없습니다. 다만 저희들로서는 중국인의 이미지를 좋게 하고 싶어서 어느 가게든 규정에 따라 쓰레기를 배출하고 거리 청소를 깨끗이 하는 것부터 시작하자고 이야기하고 있습니다."

대립이 아니라 공생을, 서로 양보해가면서 이해를, 그것은 이문화끼리 직면하게 될 때 반복되는 영원한 테마다. 얼마 전에 검게 빛나는 물체를 과감하게 입에 넣었던 Y군과 I군에게 새삼 감동한다.

"그렇겠지요. 그런데 귀가 솔깃한 이야기가 있어요."

Y군에 의하면 작가, 양이(楊逸) 씨의 후원자는 다름 아닌

'다이호'이다. 아쿠타가와 상(芥川賞, 나오키 상直木賞과 함께 최고의 권위를 자랑하는 문학상-옮긴이) 수상식 때는 헤이룽장 성 하얼빈(哈尔滨)에서 일본으로 온 부모님과 함께 친족 열한 명이 모여 '다이호'에서 식사를 했다고 한다.

"'다이호'로 모셔볼까요?"

정말 눈치가 빠르다. 번데기 님의 보살핌이다. 그 다음 날 전화가 왔다.

"양 선생님, 꼭 같이 먹으러 가시죠. 얼마 전엔 저도 번데기를 먹어봤습니다, 라고 전화로 자랑했더니 '어머, 그런 것도 드실 줄 아세요? 하얼빈의 아버지는 좋아하시는 것 같은데, 저는 절대 못 먹어요.'라네요. 대 실망."

그 다음 주, 장대비가 쏟아지는 가운데 미소를 머금은 양 선생님과 '다이호'에서 만났다. Y군도 합세하여 오늘 밤엔 총 다섯 명.

"정말로 제가 늘 주문하는 것으로 주문해도 되겠어요?"

"네, '늘 드시는 것'으로 꼭."

양 선생님은 종업원을 불러 중국어로 척척 주문했다.

저피동(猪皮凍, 특제 얼린 돼지껍질) 380엔
둥베이따라피(동북 넓적당면 특제 냉채) 1,280엔
차오쿵신차이(炒空芯菜, 공심채 볶음) 1,280엔

홍바취안저우(紅扒全肘, 껍질이 있는 돼지 넓적다리 간장조림) 1,480엔

궈바오러우(鍋包肉, 돼지고기 탕수육) 980엔

총유빙(葱油餠, 파밀전병) 310엔

셴빙(餡餠, 고기전병) 310엔

처음엔 생맥주, 그다음엔 사오싱주. 양 선생님은 "보기와 다르게 제가 술이 약해서요."라며 소다수를 섞은 소주.

"돼지껍질 얼린 것은 꼭 먹어요. 특히 여름에 먹으면 시원해서 좋아요."

수정처럼 맑고 투명한 젤리 속에 반투명한 돼지껍질이 아름답다. 젤리는 부드럽고 껍질은 쫄깃하다. 정말이지 사치스런 식감이지 싶다. Y군이 좋아하는 '넓적당면' 냉채도 나왔다.

"역시 이건 맛이 최고네요."

나도 베이징에서 처음 먹고 중독이 되어버려서 식사 때마다 주문했다. 양 선생님에게도 잊을 수 없는 맛이다.

"어렸을 때 펀피는 어머니가 직접 굳히고 잘라서 만드셨어요. 하지만 이제는 더 이상 생 펀피는 구할 수 없고, 말린 것만 볼 수 있지만요."

양 선생님이 특히 좋아하는 것은 껍질이 있는 돼지고기 간장조림이다. 중국 사람에게 고기는 뭐니 뭐니 해도 돼지고기다. 그중에서도 껍질이 붙어 있는 것을 최상급으로 친다. 푹 조

린 뒷다리 살을 젓가락으로 집으면 살이 쏙 빠진다. 윤기가 흐르는 껍질과 함께 두툼한 살을 입 속에 넣으면 금방 사르르 녹는다.

"아아, 하얼빈이 생각나네요. 역시 껍데기가 붙어 있어야 해요. 이건 본가에 갈 때면 꼭 전화해서 어머니한테 '만들어달라고' 부탁하는 요리예요."

1987년 일본에 건너온 양 선생님은 아르바이트를 하면서 필사적으로 생활비를 벌었다. 저녁 다섯 시부터 다음 날 아침 여덟 시까지 열다섯 시간을 공장에서 일한 2년간 매일 저녁식사는 '따끈따끈한 도시락', 아침식사는 '사장님 집에서 다 같이 모여 먹는 일식'이었는데 처음엔 익숙지 않은 된장국을 먹는 것이 힘들었다.

"그래도 두 달쯤 지나니까 맛있게 느껴지더라고요. 지금 제가 집에서 만드는 음식은 일식인지, 중화요리인지 잘 분간이 가지 않는 간단 요리(웃음)입니다."

요리에 서툴러서 간단한 것이 가장 좋단다. 하지만 이케부쿠로에 오면 맛에 탐욕스러워진다. 부치자마자 뜨거운 것을 찢어 먹는 총유빙, 밀가루 반죽을 둥글게 편 것에 참기름이나 오일을 바르고 잘게 자른 쪽파와 소금을 반죽 위에 골고루 뿌린 뒤 김밥 말 듯이 돌돌 말아서 다시 밀대로 납작하게 편 것을 굽는 총유빙은 양 선생님에겐 가정의 맛이자 길거리 음식의 그리운 맛이다. 이케부쿠로라면 그리운 맛을 마음껏 즐길 수 있기 때문에 이따금 자연스럽게 발길이 향한다. 그런 양 선생님의 기분 또한 이곳으로 모여드는 고향 사람들과 겹쳐진다.

'다이호'에서 조금 더 가 '평화 대로'로 나서면 편의점과 가정식 식당, 약국, 과일가게가 뒤섞여 있고 '북방요리', '중국 선술집', '엔벤 요리' 등 여기저기에서 빨간색과 노란색, 황금색 간판이 저마다 어서 들어오라고 손짓하고 있다. 그중에서도 인기를 모으고 있는 것이 11년 전에 개점한 '에이리(永利)'이다.

중국 둥베이 출신의 사장 스에나가 에이리(末永永利) 씨는 어렸을 때의 맛을 잊지 못하고 가게를 열 때 자신의 고향 요리를 손님들께 대접하겠다고 결심했다. 지금이야 주말이면 예약이 꽉 찰 정도로 손님이 많지만 개점할 당시를 떠올리면 괴로울 뿐이라고 한다.

"손님이 한 명도 없었어요. 하지만 고집스럽게 맛을 지키면서 모두가 열심히 일했죠. 그러다 이삼 년째부터 조금씩 중국인 손님이 오기 시작하더니 친구들을 데리고 오면서 손님이 늘어난 겁니다."

지금은 둥베이 출신의 요리사가 여섯 명, 서빙이 네 명, 그런데도 주말 밤에는 손님이 많아서 정신을 못 차릴 정도다. 일가족이 원탁에 둘러앉아 있는 중국인 가족부터 일본인 커플까지, 남녀노소를 불문하고 가게 안에 빼곡히 들어차 있다. 그리고 어느 테이블에서나 꼭 볼 수 있는 것이 '둥베이장다구'이다. 큼직한 뼈에 달라붙어 있는 살을 열심히 뜯고 있다. 양 선생님도 말했다.

"뼈에 붙어 있는 살이 가장 맛있어요."

중국인의 미각은 정말 사치스럽다. 사치를 부리는 것과는 전혀 다르다. 남에게 보여주는 것보다 실속 위주... 그 맛을 숙지하고 있기 때문에 진지하고, 또 탐욕이 되는 것이다. 그리고 중국요리는 맛을 살리는 것도, 죽이는 것도 주문을 어떻게 하느냐에 따라 달라진다. 재료, 조리법, 자르는 법, 양념…… 복잡한 요소를 파악하고, 머릿속에서 그리고, 흐름을 구성하여 주문하기 위해서는 경험이 많이 필요하다. 어쨌든 중국에서는 손님을 초대하는 쪽이 모두 직접 메뉴를 정해서 대접하니까.

'에이리'에는 일본인도 자주 오지만 주문 방법은 중국인과 전혀 다르다고 한다.

"일본인은 뎬신(点心, 떡·과자 같은 간식거리. 딤섬—옮긴이)부터 결정합니다. 가령 샤오룽바오(小籠包, 소롱포), 군만두, 춘권. 주문도 비슷해서 더우먀오(豆苗) 볶음(완두 새싹 볶음—옮긴이), 새우 칠리소스, 마파두부, 고추잡채, 탕수육, 마지막엔 볶음밥입니다. 어디서나 먹을 수 있는 요리를 굳이 여기까지 와서 주문하는 것을 보면 좀 기분이 이상하죠. 뭔가 좀 더 새로운 것에 도전해보는 게 재밌을 것 같은데."

같은 중국인도 남쪽과 북쪽 사람의 취향이 전혀 다르다.

"펀피는 북쪽의 명물이라 남쪽 사람한테 권하면 입에 전혀 맞지 않는 듯해서 제가 더 초조할 지경입니다."

그런가 하면 중국인은 역시 주문을 잘하는구나하고 감탄하는 경우도 많다고 한다.

"점심때 여자가 둘이 와서 1,050엔짜리 쇠고기와 토마토 나베(鍋, 전골과 같은 냄비요리-옮긴이) 하나, 밥 두 그릇. 싸고 맛있고 배도 부른 가성비가 최고인 요리죠."

그렇구나, 그런 방법도 있었구나. 손님의 요구에 맞춰주는 것도 중국의 장사 비결이었다.

달빛이 쏟아지는 가을 밤, 이날 '에이리'에 모인 것은 Y군과 I군, 동료인 Y양 그리고 상하이 출신의 왕씨와 나까지 포함해 총 다섯 명이었다.

Y군 "또 야마테 선을 타고 중국 여행을 왔네요."
I군 "오늘은 산처럼 쌓인 검은 물체는 되도록 피하고 싶어."
Y양 "Y군이 잠자코 앉아만 있어도 맛있는 음식을 먹을 수 있다고 해서 왔어요."
왕씨 "친구 따라서 이케부쿠로에 왔다가 처음 둥베이 지방의 맛을 알고 완전히 팬이 되어버렸습니다."

압박감에 굴하지 말자. 내가 이 일대를 다니기 시작한 지 어언 4년, 그동안 충분히 시행착오를 겪었으니 오늘 최고의 요리로 엄선하여 소개하겠다.

이케부쿠로_에이리

둥베이따라피(동북 넓적당면에 채소와 참깨 소스) 1,260엔

둥베이장다구(돼지등뼈 조림) 890엔

젠자오투더우쓰(尖椒土豆絲, 채 썬 감자와 풋고추 볶음) 1,410엔

둥퍼로우(東坡肉, 돼지고기 간장 조림) 1,150엔

간볜더우자오(干煸豆角, 강남콩 껍질 쓰촨 식 볶음) 1,050엔

띠싼셴(地三鮮, 감자, 가지, 피망 볶음) 890엔

화쥐안(花卷, 꽃빵) 210엔

진샹위미라오(金香玉米烙, 설탕을 뿌린 군 옥수수 부침개) 780엔

차가운 맥주를 마시면서 "앗, 저것도!"라고 소리친다. 중국인들에게 인기가 좋은 새우튀김 '자오옌다샤(椒塩大蝦)'는 산초와 소금 간이 잘 배어서 맥주 안주로는 최고이기 때문이다. '에이리'에는 이미 300종 이상의 메뉴가 있다는데 해마다 세 번은 새로운 메뉴를 추가한다. 따라서 언제 와도 도전에 대한 의욕이 넘치게 된다. 선양 출신의 주방장 이시카와 가이(石川 楷) 씨는 둥베이 지방의 맛을 이렇게 표현한다.

"원즙원미(原汁原味), 즉 재료 본연의 맛을 살리는 요리입니다."

소박하고 깔끔한 맛이기 때문에 몇 번을 먹어도 질리지 않는다. 모두가 좋아하는 '넓적당면'은 오늘도 주문하고 싶고, 둥

베이 가정의 맛인 '띠쌴쎈'도 알려주고 싶고, 구수한 군 옥수수 부침개는 다른 음식점에서는 먹을 수 없고…… 방대한 메뉴는 아무리 와도 끝이 없으니 마음이 착잡하지만, 그럭저럭 주문은 마쳤다.

자, 표를 구했으니 이제부터 함께 여행을 떠나자.

큼직한 돼지 등뼈에 붙어 있는 살을 뜯고, 바삭하게 튀긴 새우를 한 입 덥석 물고, 텐멘장(甛麵醬)을 바른 껍질에 사각사각 볶은 감자를 싸서 입이 미어져라 먹고, 틈틈이 얼얼하게 매운 강낭콩 껍질 볶음으로 입가심하고, 푹 조린 돼지고기를 칼로 자르며…… 문득 깨닫고 보니 행복이라는 이름의 정적이 주위를 감싸고 있었다.

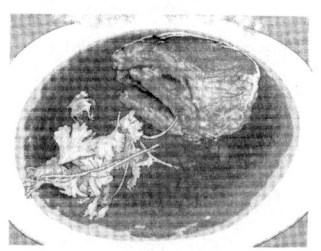

에이리 '둥퍼로우'

Y군 "저, 아까부터 '맛있다'는 말밖에는 달리 할말이 떠오르지 않네요."

무심코 보니 Y군과 I군은 먹는 데 외에는 사용할 입이 없다는 듯 눈앞의 접시에 정신없이 몰두하고 있었다. 맥주잔과 사오싱주도 순식간에 바닥을 드러냈다.

젓가락을 놓고 볼이 발그레해진 왕씨가 종잇조각에 뭔가를 적었다.

"주봉지기천배소酒逢知己千杯少."

"소중한 친구와 마시는 술은 천 잔으로도 모자란다는 뜻이에요. 중국 속담이죠." 왕씨가 가르쳐주자 일동은 환희로 들끓었다. 좋구나, 맛있어요, 자자 또 건배! 술잔을 비우면서 만석인 가게 안을 둘러보니 손님들은 한 명도 남김없이 와자지껄, 시끌벅적. 중국 둥베이가 웬 말이냐, 이건 우주 비행이지 않은가. 갑자기 현실감이 사라지며 공간 전체가 가까운 미래의 한 장면으로 보이기 시작했다.

아아, 맛있었어. 부른 배를 쓸어내리면서 알딸딸한 기분으로 '평화 대로'를 하염없이 거닌다. 북쪽 출구 일대의 떠들썩함과 난잡함과 네온사인의 휘황찬란함은 그야말로 불야성이다. 중국을 여행하다 골목을 건너 방황하는 기분이 들기도 한다.

다시 한 번 〈이케부쿠로의 밤〉, 아오에 미나가 한숨 섞인 목소리로 속삭인다.

♪안녕이란 말은 못하겠어요, 밤의 이케부쿠로♪

아쉬운 마음이야 굴뚝같지만 다음을 기약하며 오늘은 이만. 이 거리 곳곳에는 먹고 싶은 맛, 즐거운 맛, 놀라운 맛이 잔뜩 숨겨져 있다. 아마 아직 그 절반도 모르지 싶다.

잘 먹었습니다, 직원 식당

6월 비 내리는 날

꼬르륵, 배꼽시계가 울었다. 여기는 기오이초(紀尾井町) '분게이슌슈文藝春秋' 본관이다. 두 건의 회의를 잇달아 끝내고 시계가 정오를 가리키자 갑자기 배꼽시계가 난리를 치기 시작했다. 그때 한 가지 묘안이 또올랐다.

"점심식사는 직원 식당에서 하고 싶어요."

모든 사람의 눈이 일제히 나에게 쏠렸다. 잠깐의 침묵이 흐른 뒤 저마다 나를 말리기에 급급하다.

"그것만은 제발 삼가주세요."

"근처에 맛있는 집이 얼마나 많은데……."

말릴수록 더 하고 싶은 것이 사람의 마음이다. 오늘의 점심

식사는 '분게이슌슈' 직원 식당으로 단호하게 결정했다.

마지못해서 안내를 하는 사람들의 뒤를 따라 내려간 지하 1층의 직원 식당은 텅 비어 있었다.

"음, 오늘 메뉴가……."

근속 13년차인 I양이 불안한 표정으로 오늘의 요리가 진열되어 있는 케이스로 달려갔다.

A정식 영계 소테 잎새버섯
B정식 감성돔 매운 소스
C정식 튀김 덮밥 모둠

별로 나쁜 것 같지 않은데? 우선 직원 1인당 150엔의 보조금이 나온다고 한다. 즉, 정식이 480엔이라는 말인데 왜 불만일까? B정식의 접시를 받으면서 고개를 갸우뚱거렸다. 동석한 다섯 명 중 '직원 식당에선 한 달에 기껏해야 한두 번 식사한' 사람이 두 명, '몇 년 동안 이용하지 않은' 사람이 두 명, '매일 이용한' 사람이 한 명이란다. 참고로 '매일 이용한' 사람은 총무부(남자)이고, 그 외 네 명은 시간이 불규칙한 편집자(남자 한 명, 여자 세 명)다. 그리고 나는 직원 식당에 들어온 것 자체가 몇 년 만이니까, 너무 오랜만이라 반가웠다.

그런데 오늘의 B정식은 감성돔의 살 토막에 옷을 입혀서 튀긴 다음 양파와 당근, 죽순이 들어간 매콤달콤한 소스를 뿌린 것이다. 감성돔의 맛도 별로 나지 않고 고바치(小鉢, 초회나 무침 요리 등을 담는 작은 사발로 음식점에서 나오는 밑반찬이나 애피타이저의 의미로도 쓰인다—옮긴이)의 고기감자조림은 너무 익어서 뭉크러지고 간장 맛도 진하지만, 그래도 480엔이면 이런 것이구나 하고 이해한다. 유심히 관찰해보니 휑뎅그렁한 주방에서는 반찬을 데우고 밥을 담는 것이 전부였다. 즉, 완성된 음식을 가지고 와서 데워주는 센트럴키친 방식이었다.

'분게이슌슈'의 직원 식당이 바뀐 것은 신사옥이 완공되고 세입자를 들인 1987년이다. 그때까지 있던 주방 인원으로는 채산이 맞지 않아 직원 식당 운영을 업자에게 전부 위탁해버렸다.

말없이 젓가락을 움직이면서 누군가가 불쑥 말했다.

"옛날엔 맛있다고 소문이 자자했는데……."

이케지마 신페이(池島信平) 씨가 사장이던 시절에는 직접 허리에 수건을 매달고 늘 주방을 드나들었다고 한다. 그리고 그 이케지마 씨가 병으로 몸져누웠을 때는 직원 식당에서 만든 라멘이 이상해서 두 번이나 일부러 조리장을 불러 같은 라멘을 만들게 했다고도 한다. 오기야 쇼조(扇谷正造, 일본의 유명한 평론가—옮긴이) 씨는 "분게이슌슈의 직원 식당에서 만든 라멘이 굉장히 맛있다."며 일부러 딸을 데리고 왔다는 이야기도 있다. 하야시라이스도 평판이 굉장히 좋았다고 한다.

그 당시, 1966년부터 1987년까지 조리장을 맡았던 사람이

가와노 아키라(河野昭) 씨(분게이슌슈 OB)다. 그날 마침 사내에 있던 가와노 씨에게 물어보니 라멘 국물은 돼지 뼈와 도리가라(鷄ガラ, 닭 육수—옮긴이)를 넣고 매일 이른 아침부터 푹 끓였다고 한다. 건더기는 수제 차사오(叉燒, 돼지의 넓적다리나 등살을 술·향신료를 친 간장에 절여서 바비큐 형식으로 구운 요리—옮긴이), 멘마(メンマ, 죽순을 유산 발효시킨 가공식품—옮긴이), 시금치. 하야시라이스 소스도 일주일에 걸쳐 만들고, 얇게 썬 쇠고기는 양파와 볶은 뒤 소스와 섞고…… 듣고만 있는 데도 침이 넘어갔다.

당시의 정식은 아래와 같다.

8/12 치킨 카츠, 코울슬로, 감자버터조림, 지라시스시(ちらし寿司, 그릇에 잘게 썬 생선, 달걀부침, 오이, 양념한 채소를 초밥과 섞고 위에 달걀지단, 초생강 등을 고명으로 얹은 초밥—옮긴이), 냉된장 덴가쿠(田樂, 두부, 곤약, 생선 따위를 꼬치처럼 끼워서 된장을 발라 구운 것—옮긴이), 수박

8/15 스카치 에그(삶은 달걀을 고기에 싸서 빵가루를 입혀 기름에 튀긴 요리—옮긴이), 데미글레이스 소스, 스파게티, 채소샐러드, 청어구이, 강낭콩참깨무침, 돼지고기와 무 조림

창의적으로 온 힘을 다해 만들어낸 음식에서 피어오르는 김이 눈앞에 떠오른다.

"먹고 싶어."

그 자리에 있는 직원들 모두가 그 옛날 직원 식당에서 나왔던 요리를 눈에 그리고 있었다.

"그런데 히라마츠 씨, 맛은 어땠어요?"

멍하니 차를 홀짝이고 있다가 갑작스러운 질문을 받고 움찔했다.

"어머, 아까 내가 뭘 먹었지?"

배꼽시계는 멎었지만 불과 15분 전에 먹은 음식의 맛이 기억나지 않았다. 용기를 내서 직원 식당에 들어가 보았지만 선견지명이 없었다. 그리고 세상은 호락호락하지 않았다.

7월 무더위가 기승을 부리는 날

기오이초에서 생각지도 못한 지뢰를 밟고, 처음부터 다시 시작하자고 의욕을 불태우며 향한 곳은 고마고에(駒込)에 있는 '여자영양대학'이다. 그 학교는 사회와 가정의 음식을 '영양'의 관점에서 파악한 가가와 쇼조·아야(香川昇三·綾)에 의해 설립되었다. 학교 식당은 직원과 학생은 물론 외부인도 누구나 같은 가격으로 자유롭게 이용할 수 있다.

12시 2분, 수업을 마친 젊은 학생들이 우르르 몰려들고, 직원들까지 가세하여 대성황이다. 420엔인 정식은 A·B 두 종류이고 밥 80엔, 국 50엔이다. 고바치(91p 참고)는 각각에 100엔. 오늘의 메뉴는 이랬다.

A 돼지고기, 고마미소 구이, 고모쿠킨피라(五目金平, 우엉, 당근 등을 무친 것—옮긴이)(651kcal, 염분 3.1g, 지질 22.3g, 단백질 24.9%)

B 대구 카라아게(唐揚げ, 닭고기나 생선 등의 재료에 밀가루나 녹말가루를 묻혀 기름에 튀겨낸 음식—옮긴이), 채소 안카케, 청채(青菜) 겨자 볶음 (602kcal, 염분 3.3g, 지질 13.1g, 단백질 26.4g)

고바치 세 종류는 고기감자, 호박우유조림, 가지 데침. 밥은

여자영양대학

잘 먹었습니다,
직원 식당

배아미, 국은 양배추와 송이버섯 된장국.

칼로리나 염분은 물론 가가와 아야가 고안한 4군의 영양 밸런스도 식당 게시판에 상세하게 게시되어 있고, 학생들은 그것을 열심히 읽는다. 점심식사마저 학습의 장으로 활용되고 있는 것이었다. 바로 식권발매기에서 식권을 사서 먹어보았다.

담백한 맛에 배가 부르지 않는 적당한 양, 가볍게 먹는 느낌이다. 재료의 맛을 살린 가정적인 맛이었다. 1년 내내 하루도 거르지 않고 여기서 먹는다는 여직원도 고개를 끄덕인다.

"담백해서 질리지 않아요. 밖에서 먹으면 푸짐한 기분은 들지만 양념이 세서 갈증이 나요. 학생들도 입학 초기에는 불만을 갖다가도 여름방학이 되기 전에 익숙해지는 것 같아요."

직원 식당(학생 식당)에서 발견한 것 첫 번째_ 담백한 음식은 매일 먹어도 질리지 않는다.

주방을 맡은지 4년째인 영양관리사 다나카 미와코(田中美和子) 씨가 짊어진 짐은 무겁다.

"매일 부담감이 굉장히 심해요. 점심식사는 250인분, 저녁식사는 약 30인분. 심플한 맛을 내려고 노력하고 있지만 어쨌든 학교잖아요. 학생들의 본보기가 되어야 하죠. 고르는 재미도 중요하고, 메인의 한쪽이 양식이라면 다른 한쪽은 일식. 고바치로 밸런스를 보충하고…… 하루하루가 복잡한 퍼즐 같아요."

이익은 별로 나지 않아도 외부 업체에 맡기지 않고, 교내 직원이 영양 밸런스를 심사숙고하여 표본과 같은 식단을 만들기 때문에 근처에서 밥을 먹으러 오는 사람들도 제법 많다.

"아흔이 넘은 할아버지께서 저녁식사를 하러 휠체어를 타고 오십니다. 손자 분이 매주 식단표를 가지러 와서는 이곳에 오는 게 할아버님의 즐거움이라고 하더군요."

낮에 일하고 야간부에 다니는 학생은 저녁때 허겁지겁 들어와서는 고바치 두 개와 밥, 된장국(합계 330엔)을 사서 순식간에 먹어치우고 강의실로 뛰어간다. 여기서 밥을 먹으면 꼭 집밥을 먹은 것 같은 기분이 든다. '엄마 잘 먹었습니다!'

7월 몹시 무더운 날

점심때 고작 한 시간 반 동안 1,200명이 식사를 한다! 게다가 "배가 고프면 싸울 수 없다!"가 회사의 모토라는 말을 듣고는 흥분이 되기 시작한다.

'요코가와 전기(橫河電機)'는 계측기기 사업과 제어 사업, 항공 관련 기기를 개발하는 대기업이라는 설명을 듣고도 무슨 말인지 전혀 이해할 수 없었다. 다만 어쨌든 매일 어려운 일을 하고 있는 회사라는 것만은 잘 안다. 그 어려운 일을 하는 사람들이 미타카(三鷹) 본사와 공장에 대거 집결해 있었지만, 홍보 담당인 이시카와 야스코(石川康子) 씨의 설명은 알아듣기가 매우 쉬웠다.

"그룹 전체 인원 약 2만 명 중에서 이곳에는 4,000명이 있습니다. 직원 식당은 두 군데인데 점심때면 한 곳은 1,200명, 다른 한 곳은 1,300명이 이용합니다. 도시락을 사먹는 직원이 900명, 빵을 먹는 직원이 100명. 나머지 500명은 밖에 나가서 먹거나 도시락을 싸옵니다."

총무인 야마우치 아키노부(山內明伸) 씨가 덧붙인다.

"무엇보다도 우선 직원들에게 좋은 환경에서 일할 수 있도록 직원들의 식사를 어떻게 하면 양질의 식사로 유지하는가, 매일 얼마나 개선하는가, 그것이 회사의 과제입니다."

모 비즈니스 잡지에서 '일본의 근무 환경이 좋은 회사' 3위에 오른 이유가 분명히 있었다.

오전 11시 50분, 주뼛주뼛 직원 식당 중 하나인 '마르셰'의 문을 밀고 들어간 순간 나도 모르게 뒤로 몸을 젖혔다. 전에는 공장이었다는 2층의 드넓은 식당에는 사람들의 물결로 넘실대고 있었다. 그 너머에 샐러드바, 매일 바뀌는 네 종류의 정식 코너, 고바치, 어묵, 덮밥, 카레, 갓 구운 빵, 주먹밥, 우동과 메밀국수 같은 면류, 파스타 코너…… 이건 마치 디즈니랜드에 온 것 같다. 직원들의 점심시간을 일찍 오는 조와 늦게 오는 조 두 파트로 나누었고, 주방 직원도 많다. 게다가 동선이 잘 짜여

요코가와 전기

있어서 줄도 금방 줄어들어 1,200명을 무리 없이 소화한다.

칠석날인 오늘의 스페셜 메뉴는 '칠석 가키아게(かき揚げ, 튀김의 일종. 잘게 썬 조개관자·새우·채소 등의 재료를 밀가루 반죽에 버무려 튀긴 요리—옮긴이) 정식' 380엔.

"계절감을 살리는 것과 이벤트에도 신경을 많이 씁니다. 럭비부의 톱 리그 승격 기념으로 풋볼 햄버그스테이크에 데미글레이스 소스와 치즈를 얹어 200인분 550엔, 완판했습니다."

서비스 사업부의 다케우치 아키코(竹内明子) 씨는 총무와 짝을 이뤄 직원 식당의 기획부터 운영까지 도맡고 있는 지배인이다. 외주 업체에는 맡기지 않고 사내의 요청을 꼼꼼하게 전달하면서 '요코가와 전기'가 아니고는 불가능한 직원 식당을 만들어냈다. 직원 식당에서 부지런히 눈을 움직이면서 마침내 메뉴를 결정했다.

닭고기 완자 경단과 당면 조림, 몰로헤이야(이집트가 원산지인 채소) 무침, 톳 조림, 유부초밥 1개, 오곡밥 약간(결국 욕심을 부려서 515엔).

총무인 야마우치 씨는 츠케멘(つけ麺, 국물에 찍어 먹는 면—옮긴이)에 반숙란, 차사오, 멘마, 파 곁들임, 유부초밥과 주먹밥 각 1개 (470엔). 홍보 담당인 이시카와 씨는 갓 구운 도리아(버터 볶음밥이나 필래프 위에 화이트소스나 치즈를 뿌려 오븐에 구운 요리—옮긴이), 샐러드, 디저트로 캐러멜 푸딩(610엔).

메뉴 수는 80종 가까이 된다. 간이 다 잘 맞고 식감이 좋다. 새로운 메뉴가 연이어서 교체되며 1,200명을 상대하는 데 충분하다. 게다가 저렴하다. 한 달 내내 먹어도 평균 8,000엔 전후라고 해서 놀랐다. '요코가와 전기'의 평균 근속년수가 19.4년으로 길다는 말을 듣고 그럴 만도 하겠다고 생각했다. 이런 직원 식당이 있다면 쉽게 그만둘 리가 없다.

직원 식당에서 발견한 것 두 번째_ '오후 근무도 힘내서 열심히 하자.' 소중한 직원들 모두에게 열심히 일할 수 있도록 힘을 북돋아주는 것이 직원 식당이 존재하는 의미다.

7월   엄청나게
        월   더운 날

"이야, 왠지 긴장되는걸?"

'분게이슌슈' 근속 20년차인 Y군의 볼이 실룩거렸다. 이번에 찾아온 곳은 같은 출판사인 야라이초(矢來町)의 '신초샤(新潮社)'이다.

"처음입니다, '신초샤'에 와보는 건. 게다가 난데없이 직원 식당이라니."

미안해, 괜히 오자고 해서. 그래도 다른 회사의 회삿밥을 먹고 싶었잖아. 일단은 회삿밥으로 적을 알고 나를 알 수 있지 않을까?

"기오이초에서는 옛날을 그리워할 뿐 확실히 미래는 없으니까."

툴툴거리는 Y군에게 '신초샤' 본관의 지하에 있는 식당으로 들어가면서 선제 펀치를 날린다. 벽에 걸려 있는 거대한 포스터에는 "언제까지나 뚱보라고 생각하세요."라고 쓰여 있다. 그달에 마침 발행 부수 40만 부를 넘었다는, 헐렁해진 바지를 일부러 과시하는 저자의 모습이 눈에 꽂히자 Y군의 표정이 굳었다. 이건 직원 일동에게 분발하라는 메시지일까? 아무려면 어떤가, 직원 식당에서 먹을 수만 있다면야.

오늘 금요일의 메뉴는 '자반연어구이 정식'. 참고로 이번 일주일 동안은 (월)불고기 덮밥→(화)참치 카레 또는 산나물 오

- 지쿠와(竹輪, 생선살을 으깨어 소금 등을 넣고 동그랗게 빚어 가는 대나무나 놋쇠 등의 금속 막대에 감듯이 발라서 굽거나 찐 식품, 원통형 어묵—옮긴이)의 이소베아게(磯辺揚げ, 김을 싸서 튀긴 것—옮긴이)

신초샤

로시소바(卸しそば, 국물에 무즙을 넣어 먹는 메밀국수—옮긴이)→(수)게살 볶음밥→(목)햄버그스테이크 조림이다. '신초샤'의 메뉴는 오로지 단품으로 승부하며 가격은 고작 200엔. 회사가 175엔을 보조하고 있다.

"우와."

Y군도 옆에서 눈이 휘둥그레졌다. 200엔이란 가격이 도대체 웬 말인가. 자반연어, 달걀말이, 무말랭이 조림, 호박 조림, 지쿠와의 이소베아게, 새싹과 두부 된장국, 밥과 절임 반찬… 맛은 조금 진한 편이지만 정성껏 조리한 성의가 맛으로 고스란히 나온다.

정오가 지나자 순식간에 자리가 꽉 찼다. '대면식' 주방은 정신없이 바쁘다. 두 남자 조리사를 지휘하는 셰프는 '도쿄 회관' 중국요리 파트 출신의 7년차 아오키 시게유키(青木繁幸) 씨로 마흔한 살이다.

"냉동식품이나 기제품, 화학조미료는 일체 사용하지 않습니다. 된장국도 가츠오부시(鰹節, 가다랑어 포—옮긴이), 마른 멸치, 다시마로 육수를 내죠. 보세요, 주방이 오픈되어 있죠? 직원 분들이 직접 말도 걸어줍니다. '오늘 맛있게 잘 먹었습니다.' '소금이 좀 많이 들어간 것 같네요.'라고요. 많은 격려가 되지요. 레스토랑과 다른 보람을 느낍니다."

매일 평균 260인분. 레스토랑이라면 1인분씩 맛있으면 되지만 직원 식당에서는 사람들이 단시간에 일제히 몰려오기 때문에 대량으로 준비해야 한다. 아오키 씨는 정기적으로 맛을 보고, 일부러 묽게 만든 육수를 보충하며 맛을 조절하고 있었다.

직원 식당에서 발견한 것 세 번째_ 된장국 하나로 직원 식당의 모든 것을 알 수 있다. 어머니의 맛이 나는 된장국은 직원 식당의 핵심.

"한꺼번에 많이 만들면 맛이 일정하지 못할 수가 있어요. 매일 공부의 연속이죠. 점심 한 끼를 매일 책임지고 있으니 책임감이 막중합니다."

가장 큰 문제는 월말이 되면 메뉴에 질리게 된다는 것이다. "볶음밥만 계속 먹으니 지겨워요." "또 새우 그라탱에 밥하고 매실장아찌야?"라고 불만을 터뜨린다고 한다(200엔인데도 불만이라니).

"제 솜씨가 거기까지라고 생각하니 괴롭네요. 하지만 솔직히 말씀해주시니 오히려 기쁩니다."

'신초샤'의 식당은 정말로 집에 있는 것 같은 분위기다. 식사를 마치고 나서도 모두 자리에서 일어나지 않고 커피를 마시거나 담배를 피우면서 여유롭게 담소를 나눈다. 그만큼 편하다는 것이다.

응? 문득 옆자리를 보니 Y군이 웬일로 조용하다. 왜 그래? 어디 아파?

"분하다!(눈물)"

7월   터무니없이 더운 날

직원 식당에서 발견한 것 네 번째_ 직원 식당의 접시는 회사의 모습을 비추는 거울.

직원들의 배를 채워줄 뿐만 아니라 직원 식당을 사회공헌의 장으로 활용하는 기업도 있다. 그중 하나가 화장품 회사인 '폴라(ポーラ)'다.

선진국의 비만이나 생활습관병과 세계 곳곳의 기아문제를 동시에 해결하기 위해 일본에서 시작된 'TABLE FOR TWO(이하 TFT)'라는 운동이 있다. 저칼로리(약 730kcal)이고 채소가 많은 음식을 먹으면 자동으로 한 끼당 20엔이 기부되는 구조다. 20엔은 어떤 나라에서는 학교 급식 한 끼분의 비용이다. 폴라에서는 작년부터 매주 금요일에 TFT 메뉴를 출시하기 시작해서 1만 5,909끼 즉 31만 8,180엔이 기부금으로 적립되었다.

오늘 금요일의 TFT 메뉴는 '열 가지 재료로 지은 자코코항(じゃこご飯, 생선의 치어를 넣어 지은 밥-옮긴이)과 연어 소금구이, 어묵탕 세트' 753kcal, 290엔. 자코고항의 열 가지 재료는 납작보리 · 대두 · 당근 · 유부 · 가지콩 · 톳 · 표고 · 무청 · 치어 · 흰깨. 건강뿐만 아니라 직접 식재료를 준비하는 수고와 가격을 고려하면 오히려 이득이다. 게다가 식당에 맴도는 어묵탕의 맛있는 냄새... 어묵과 채소를 보글보글 끓인 짙은 냄새를 맡으면

어깨의 힘이 쭉 빠지면서 행복해진다.

TFT 메뉴를 비롯해 식당을 책임지고 있는 것은 '중앙 그린하우스'의 영양사, 노나카 마미(野仲麻美) 씨다. 메뉴는 인사부와 상담해서 정한다고 한다.

"아무리 몸에 좋고 사회에 공헌할 수 있다고 해도 맛이 없으면 먹지 않아요. 금요일이 다가올 때마다 머리가 지끈거립니다. TFT가 도입되고 나서 저칼로리와 채소라는 과제를 어떻게 풀지……."

맛에 까다로운 젊은 여직원을 타깃으로 해서 크게 히트를 친 것은 미역귀, 구기자 열매, 흰깨가 들어간 '비하다 라멘(美肌ラーメン)'과 채소가 듬뿍 들어간 국밥. 금요일에는 한 명이라도 더 많은 사람이 TFT 메뉴를 선택해주기를 바란다고 한다. 노나카 씨의 고군분투는 계속된다.

"아, 사장님입니다."

핑크색의 세련된 셔츠를 입은 스즈키(鈴木) 사장도 매일 식당을 이용하고 있다. 사장님, 오늘의 TFT 메뉴는 수수해 보이지만 씹으면 씹을수록 맛있고, 뜨끈한 어묵탕도 마음을 편안하게 해준답니다……. 어머, 그냥 지나쳐서 면 코너로 가버렸네.

"……면을 좋아하십니다."

그래도 사장님 금요일만은 부디 부탁드립니다.

오늘의 TFT 메뉴는 145인분이 팔려서 총 2,900엔의 기부금이 모이게 되었다.

7월 참을 수 없이 더운 날

불꽃이 타오르고 있다. 《게 공선(蟹工船)》(고바야시 다키지小林多喜二의 대표작으로 일본 프롤레타리아 문학의 걸작-옮긴이)의 본거지에서...

의표를 찔린 나는 아연한 표정으로 시뻘건 불꽃을 바라본다. 이 주방의 활기는 도대체 어떻게 된 것인가!

요요기(代々木) '공산당 본부'의 식당은 본부 건물의 4층, 정오가 지나자 약 150석이 순식간에 꽉 차버렸다. 반찬을 받으러 줄을 서자 주방의 특대형 웍(중국 냄비)에서 불꽃이 피어오른다. 채소를 볶느라 여성 요리사가 웍을 흔들고 있다. 나도 먹고야 말겠다는 욕구가 솟는다.

매일 점심때 평균 350인분이 나가는 420엔짜리 정식 메뉴는 두 종류, 오늘은 연어 그라탱과 채소 볶음이다.

"일부러 구성한 메뉴입니다. 스테이크가 나간 다음 날은 말린 정어리와 단무지라든가 개구리 갈릭 버터 소테 같은 것이지요. 매일 있는 일이라 놀라기도 하고 망설이기도 하고…… 그 편이 재미있고 얘깃거리도 되지 않을까요? 말린 정어리가 나올 때는 모두가 서둘러서 먹고 갑니다(웃음)."

간단한 채소 볶음도 불 속에서 볶는 모습을 보면 식욕이 생겨난다. 채소는 물론 아삭한 식감이 뛰어나다. 된장국도 보리 된장이나 붉은 된장으로 끓이고, 육수도 가츠오부시, 말린 멸치, 때로는 말린 날치를 쓰기도 한다. 식당 부주임인 다카츠카

잘 먹었습니다,
직원 식당

연어 그라탱 정식 420엔(공산당 본부)

이쿠오(高塚育夫) 씨의 색다른 취향이 반영된 결과다.

"맛있게 됐을 때는 둘러보면 웃는 얼굴이 많고 대화가 활기를 띱니다. 조금 부족하다 싶을 때는 역시 분위기가 가라앉습니다. 그 자리에서 바로 반응을 알 수 있으니까 좀 더 맛있게 만들어주자고 다짐하게 되죠."

직원 식당에서 발견한 것 다섯 번째_ 떠들썩한 분위기는 식당의 기본.

방금 만든 요리를 대접하기 위해 주방에는 설거지 담당까지 포함해서 총 열다섯 명이 있다.

"60년대 안보의 시기, 당이 바야흐로 대대적인 활동을 시작하려고 할 때 여기서 일하는 사람들을 위해 아주머니들께서 자발적으로 음식을 해서 돌리기 시작한 것이 시작이었습니다."

정식을 먹으면서 이야기해준 사람은 일본 공산당 중앙위원회 간부회의 재무·업무국 차장이자 후생부 부장인 하야시 미치부미(林通文) 씨다.

"돌아가신 미야모토(宮本) 의장이 식당에서 일하는 사람들을 늘 배려하시며 여긴 물을 많이 사용해서 힘들 테니 기계를 사라고 하셨죠. 취반기며 식기세척기 등, 시간과 수고를 덜 수 있는 것은 합리화해서 점점 개선하여 현재의 모습이 되었습니다."

큰 손해는 나지 않지만 식당에서 돈을 벌겠다고는 생각하지 않는다고 한다. 모두 평등한 동료이기 때문이라는 것이 하야시 씨의 말이다.

떠들썩한 식당을 둘러보니 이치다(市田) 서기국장과 시이(志位) 위원장도 어깨를 나란히 하고 채소 볶음을 먹고 있었다. 참고로 '자유민주당'에도 같은 취재를 의뢰했더니 단호하게 거부되었다. 이유는 '공정함이 결여될 가능성이 있는, 전례가 없는 취재는 응할 수 없다'는 것이었다.

8월 몹시 더운 날

정오 직전, 인쇄국의 거대한 윤전기가 큰 소리를 내면서 〈류큐 신보(琉球新報)〉 석간 첫 판을 일제히 찍어내기 시작했다. 잉크 색도 선명한 1면의 헤드라인은 아래와 같다.

"내각 개조 자민당 간사장에 아소(麻生) 씨"

마침 그 시간 같은 건물 2층의 직원 식당 '로키'는 눈코 뜰 새 없이 바빴다.

"결국 오키나와(沖繩)까지 오고 말았네요."

Y군이 먼 곳을 쳐다보고 있다. 미안, 야라이초에서 분하다며 흘린 눈물이 마르기도 전에 또 불러내서. 누가 '류큐 신보'의 직원 식당이 엄청 맛있다고 해서 말이야. 바로 먹지 않으면 다 식겠어.

잘 먹겠습니다.

Y군은 여름 한정 고야 찬푸루(ゴーヤーチャンプルー, 고야는 여주의 오키나와 사투리. 찬푸루는 류큐 요리의 하나로 두부와 야채를 볶아 만든 대표적인 가정 요리—옮긴이) 정식, 나는 된장국 정식, 각각 450엔. 고야는 오키나와의 여름 채소이다. 건더기가 많은 된장국과 밥의 조합도 오키나와의 특색이다. 간이며 양이 옛날 식당에서 먹는 것과 똑같다. 담백한 맛이지만 육수가 진해서 자꾸만 밥을 부른다. 그 외에도 타코 라이스(Taco-Rice, 멕시코 요리인 타코의 주재료를 쌀밥 위에 얹은 오키나와 요리) 정식, 두부 찬푸루, 오키나와 소바, 돼지고

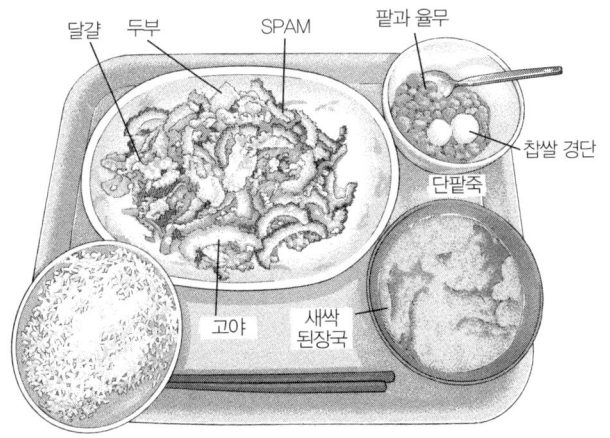

고야 찬푸루 정식 450엔(류큐 신보)

기와 달걀 정식…… 지방색이 뚜렷한 것들로 가득하다. 오늘의 정식도 바로 어제는 나카미지루(中身汁, 돼지 내장을 찐 국으로 오키나와 전통 요리―옮긴이)와 찬푸루였다.

"오키나와에는 옛날부터 식당이 여기저기에 있어서 전통요리를 어디서나 먹을 수 있었습니다. 그런데 최근에는 레스토랑이 늘어나서 향토요리를 쉽게 먹을 수 없게 되자 총무부 분이 오키나와 요리를 메뉴에 많이 넣어달라고 주문한 겁니다."

'로키'의 경영자, 다카미야기 사네히데(高宮城実英) 씨가 '류큐 신보'의 직원 식당을 인수한 것은 1년 전으로 그때까지는 악평이 분분했다. 설문조사를 해보니 '맛없다.' '식었다.' '종류가 많지 않다.' '시중에서 파는 것들이 많다.'…… 손님 수도 하루에 7, 80명이 고작이었다. 속을 끓이던 총무 게타시로 겐지(慶田城健仁) 씨(현 중부지사장)가 직원 식당 개혁에 착수하여 '로키'의 다카미야기 씨를 특별히 뽑았다. 지금은 이전의 세 배가 넘는 250명 이상이 들어와서 흑자 경영으로 돌아섰다.

직원 식당 개혁의 첫 걸음이 된 것은 주문을 받을 때마다 1인분씩 만드는 것이었다. 주방의 카운터에서 주문하면 번호표를 주고, 음식이 완성되면 마이크로 불러서 받아가게 하는 방식이다. 물도 바꿨다. 오키나와의 수돗물은 경수이기 때문에 밥을 짓거나 요리에 쓰는 물은 연수를 끌어왔다. 쌀은 햅쌀. 메뉴는 질리지 않도록 언제나 20종류.

"직원들도 손님입니다. 직원 식당을 여러 군데 돌아다니다 느낀 단점은 대량으로 만들면 맛이 꾸준하지 못하다는 것이죠. 그래서 여기서는 다섯 명이 같이 와도 반드시 1인분씩 만듭니다. 그리고 경영자인 나 자신도 직원들에게만 맡겨두지 않고 매일 와서 다른 메뉴를 시식합니다. 역시 손님들께는 나 스스로가 납득할 수 있는 요리를 대접해야 되겠죠."

낚시가 취미여서 새까맣게 그을린 스물아홉 살의 마츠모토 레오나(松本玲央成) 씨는 1년 전에 호텔 주방에서 스카우트한 사람이다.

"저는 회삿밥이라 생각하고 만들지 않습니다. 굳이 말한다면 '일반 식당'이랄까. 저녁에 오시는 손님께는 메뉴에 없는 것을 만들어드리는 경우도 있죠. 다들 음식에 대해 말씀이 많습니다. 밥이 되다느니 양이 많다느니 이런저런 말씀을 해주셔서 바로 개선할 수 있죠. 매일 잔반의 양으로도 알 수 있습니다. 아, 오늘은 무겁구나, 간을 잘못했나? 라고요."

일본식 파스타, 짬뽕, 치즈 오므라이스, 돈카츠 카레…… 손님의 요청으로 처음 도전하는 메뉴도 많다. 스스로도 재미있어한다. 하지만 최근 재료와 조미료의 가격이 급등했는데, 예를 들어 식용유 한 캔의 매입가가 1,200엔에서 4,700엔이 되었다. 총무와 협의를 거듭한 끝에 어쩔 수 없이 6월부터 30~50엔의 가격 인상을 결정했다.

직원 식당에서 발견한 것 여섯 번째_ 회사, 주방, 직원이 삼위일체가 되어야지 비로소 직원 식당에서 맛있는 요리를 만들 수 있다.

오키나와 본도(本島)의 대동맥인 국도 58호선을 내려다보면서 먹는, 입 속이 델 정도로 뜨거운 된장국 정식. 야들야들 부드러운 반숙란과 큰 두부에서는 '류큐 신보'에서 일하고 있다는 실감을 느낄 수 있었다. 어머나, 옆자리의 Y군은 연달아서 오키나와 소바까지 다 비우더니 부른 배를 쓰다듬으며 꾸벅꾸벅 졸고 있다. 창밖으로는 오키나와의 푸른 하늘이 펼쳐져 있다.

언제나 마음속엔 오므라이스

달걀말이를 만들 때마다 늘 가슴이 두근거린다.

달걀은 달걀말이용 프라이팬에 딱 맞는 양인 다섯 개, 크게 만들어서 두 번 정도 나눠 먹는다. 달걀 다섯 개를 톡톡톡 깨다가 세 개쯤 깼을 때 일단 손을 멈춘다.

한 번에 다섯 개를 다 써도 될까?

너무 사치를 부리는 건 아닐까?

아깝지 않을까?

전시에 태어난 것도 아닌데 유독 달걀에 대해서만 벌벌 떤다. 아까워하지도 않고 달걀을 깬다는 행위가 사치스럽게 여겨져서 꺼림칙하다.

적정 개수는 역시 한 사람에 하나일 것이다. 달걀말이, 달걀프라이, 지진 달걀(달걀을 풀어서 간장·설탕 등을 넣고 지진 음식─옮긴이), 한 사람에 하나면 모자라지 않아서 안심이 된다. 단, 오믈렛은 두 개는 써야 한다. 한 개로는 궁상맞은 것이 푹 꺼져서 힘이 없어 보이는 오믈렛만큼 애처로운 것도 없다. 오믈렛은 역시 불룩하고 큼직해야 먹음직스럽다.

야들야들한 노란색의 달걀, 윤기가 자르르 흐르고 통통한 모습을 보는 것만으로도 행복감에 푹 젖는다. 기분이 축 처져 있을 때 방금 만든 오므라이스가 슬며시 내 앞에 나오면 어깨를 들썩이며 울 것만 같다.

언제나 마음속엔 오므라이스.

오므라이스에는 사람을 행복하게 해주는 포용력이 있다. 우아함이 있다. 고운 심성이 있다.

"어렸을 때 내 생일이면 꼭 오므라이스를 만들어주셨어. 그날은 케첩도 마음껏 뿌릴 수 있었지."

추억에 잠긴 표정으로 한 남자가 내게 말해주었다. 이미 50이 넘어서 흰머리가 희끗희끗 보이기 시작해도 오므라이스는 끊을 수 없는 어머니의 맛이라며 그리워하는 것이었다. 그 마음을 너무나 잘 안다. 나도 같은 심정이니까. 초등학교 때 어머니한테 말해서 생일 때는 무조건 오므라이스를 해달라고 했다. 프라이팬에 한가득 펼쳐놓고 굽는 노란 달걀, 그것이 찢어지지 않도록 조심하면서 정성껏 치킨라이스를 싸고 주변을 정리해준다.

"자아, 다 됐다!"

내 것과 동생 것. 나란히 놓인 두 접시에 노란 오므라이스가 담겨 있는 풍경은 너무나 특별한 느낌이었다. 거기에 새빨간 케첩으로 특대형 꽃 모양이 그려져 있다. 황홀해진 나머지 넋을 잃은 나에게 숟가락으로 그것을 망가뜨리는 데는 용기가 필요했다. 생일에는 지라시스시(잘게 썬 생선과 달걀부침, 채소 등을 초밥과 섞고 계란 지단, 초생강을 고명으로 얹은 초밥)도 아니고 햄버그스테이크도 아니다. 역시 오므라이스이다. 밀려오는 행복감에 푹 빠졌다. 그 오므라이스가 이제 곧 내 앞에 온다.

니혼바시(日本橋) '타이메이켄(たいめいけん)'. 오므라이스를 생각하니 가만히 있을 수가 없었던 나는 지하철을 타고 니혼바시로 가서 숨을 헐떡이며 가게 앞까지 뛰어갔다.

그런데 길게 줄을 서 있다. 그도 그럴 것이다. '타이메이켄'은 자타가 공인하는 오므라이스의 명소로 모두 오므라이스를 먹으러 모인 것이라고 생각하니 돌연 동질감이 느껴진다. 같이 온 Y군과 오므라이스를 좋아하는 동료 Y양, 이렇게 우리 세 사람도 한마음이 된다.

"오랜만이라 그런지 설레는걸."

"어렸을 때부터 굉장히 좋아했어요. 제가 유독 달걀을 좋아해서……."

줄을 서며 기다리는 동안 Y군의 추억 이야기로 시간을 보냈다. 날달걀밥을 너무 좋아했다는 이야기, 술에 취할 때마다 아버지가 들려주신, 전쟁 때 이웃사람에게서 달걀을 받은 은혜는 평생 잊을 수 없다는 이야기…… 달걀 이야기를 멈출 줄 모르는 Y군에게 적당히 맞장구를 쳐주다 보니 마침내 우리 차례가 되었다.

오후 1시 20분, '타이메이켄'은 사람들로 꽉 차 있었다. 겨우 자리에 앉아 무심코 주위를 둘러보니 오른쪽의 아저씨 두 분은 오므라이스, 왼쪽 커플은 여자가 하야시라이스, 남자가 오므라이스. 그 맞은편에 혼자 온 남자도 오므라이스, 또 그 맞은편도……. 점심때의 '타이메이켄'은 오므라이스의 축제장이었다.

물론, 1931년에 창업한 시니세(老舖, 대를 이어서 내려오는 전통이 있는 기업, 가게―옮긴이) '타이메이켄'이라 멘치카츠라든가 비프 크로켓, 포크소테 등도 모두 믿을 수 있는 맛이다.

적당한 가격으로 품질을 꾸준히 유지하는 자세는 언제 와도 대단하다고 생각한다. 게다가 요즘 같은 시세에 전설의 보르쉬(Borscht, 러시아식 스튜. 고기·야채 등을 넣고 비트Beet로 물들여 사워크림Sour Cream을 쳐서 만든 잡탕―옮긴이)(50엔)도 코울슬로(Coleslaw, 잘게 썬 양배추와 여러 가지 야채를 마요네즈 소스에 버무린 샐러드―옮긴이)(50엔)도 여전하다. 게 크림 크로켓이나 비프스테이크를 먹고 있는 손님도 있지만, 오므라이스를 주문하는 손님이 압도적으로 많다.

도쿄 니혼바시_타이메이켄

'타이메이켄'의 오므라이스는 종류가 다양하다. 메뉴를 묻자 전부 여섯 종류라고 한다.

오므라이스 1,650엔
오므하야시 1,850엔
보리새우 오므라이스 1,850엔
쇠고기 오므라이스 마늘 맛 1,850엔
민들레 오므라이스(이타미 주조(伊丹十三, 영화 〈담포포(민들레)〉의 감독) 풍風) 1,850엔
민들레 비프 오므라이스 2,550엔

인기가 많은 것은 정통 오므라이스와 케첩라이스 위에 얹은 오믈렛을 직접 잘라 먹는 민들레 오므라이스이다.

"우와아, 뭘 먹어야 할지 모르겠어요."
"다 먹고 싶어. 전부 다 먹고 싶어."
갈등에 몸부림치다 먹고야 말겠다는 의지에 가득 차서 마침내 메뉴를 정했다. '타이메이켄'을 처음 와본 Y군은 오므라이스, Y양은 쇠고기 오므라이스, 나는 민들레 오므라이스, 세 종류를 따로 주문해서 서로 조금씩 나눠 먹으려고 했다.

주문을 하고 나서도 양 옆자리의 접시에서 눈을 떼지 못한다. 볼록하게 솟아오른 작은 언덕에 찔러 넣는 숟가락의 움직

임을 나도 모르게 숨을 죽인 채 응시한다. 참, 없어 보인다고 스스로를 나무라보지만 나도 모르게 또 시선이 가 있다. 세 사람 다 마음이 들떠 있다.

"오래 기다리셨습니다."

이제나저제나 목이 빠지게 기다리고 있던 중 목소리에 정신을 차리고 보니 Y군이 주문한 오므라이스가 먼저 나왔다. 하얀 접시에 반짝반짝 노란 태양이 찬란하게 빛나고 있다. 반사적으로 숟가락을 집어 드는 Y군, 적극적인 그 모습이 좋다. 오므라이스는 막 만들었을 때가 부드러워서 가장 맛이 좋다.

"그럼, 먼저 먹겠습니다."

케첩을 쭉 뿌렸을 때 쇠고기 오므라이스와 민들레 오므라이스도 나왔다. 모두 경쟁하듯이 어린아이가 된다.

오므라이스는 햄과 양파를 넣은 케첩라이스를 달걀로 폭 감싼 아름다운 방추형(紡錘形)으로 거기에 자기가 원하는 만큼 케첩을 뿌려서 먹는 정통 스타일이다. 한편 민들레 오므라이스는 이벤트성이 강하다. 플레인 오믈렛(Plain Omelettes, 속재료를 넣지 않은 오믈렛—옮긴이)이 닭고기와 양파, 머시룸, 완두콩을 넣은 케첩라이스 위에 살포시 얹혀 있다. 탱글탱글하게 흔들리는 민들레 오므라이스를 숟가락 끝으로 톡 터뜨리면 끈적끈적하게 흘러나오는 반숙란, 그것을 다시 무자비하게 위아래로 눌러가며 펼친다.

플레인 오믈렛이 가슴을 활짝 벌리면 반숙란의 바다가 퍼지면서 케첩라이스를 푹 감싸버린다. 온통 노란색 일색의 꽃밭에 온 것 같은 황홀한 세계가 펼쳐진다. 맞은편의 두 사람을 보니 이미 자기만의 세계에 푹 빠져 있다.

민들레 오므라이스의 이름은 이타미 주조 감독의 두 번째 작품인 영화 〈민들레(담뽀뽀)〉에 촬영 협조를 한 것을 계기로 메뉴에 올리게 되었다. 그렇다 해도 그 장면의 강렬한 인상은 지울 수 없다. 전직 요리사인 노숙자 남자(다카미 아키라高見映)가 한밤중에 몰래 레스토랑의 주방으로 숨어든다. 젊었을 때 익혔던 솜씨로 냉장고에서 있는 재료를 마음껏 꺼내 현란한 솜씨를 발휘하여 잘게 썰고 볶아서 케첩라이스를 만든다. 곧이어 달걀을 풀고 숙련된 솜씨로 오믈렛을 만들어서 케첩라이스 위에 얹고 나이프를 대면…….

이 기분은 '타이메이켄'에서만 맛볼 수 있다. 노란색과 빨간 밥, 그 위에 새빨간 케첩을 뿌린 다음 세 가지를 동시에 떠서 입으로 가져온다. 끈적끈적한 반숙이 밥에 매달려 혀 위에서 체면이고 뭐고 내팽개치고 서로 부둥켜안고 있기 때문에 나도 조금은 주춤하지만 부끄러워하고 있을 상황은 아니다. 마음속으로 각오를 하고 바다에 뛰어들면 그 다음부터는 쾌락의 한가운데 빠져든다.

"이야아……."

뺨이 발그레해진 Y군이 숟가락을 허공에서 멈췄다. 접시로 시선을 옮기자 이미 절반 이상을 먹어치운 뒤였다.

"왜 이렇게 맛있는 거죠? 웃음밖에 안 나오네요."

숟가락을 입으로 가져갈 때마다 가속도가 붙는다. 오므라이스는 의외로 변화무쌍하다. 방추형의 가장자리는 달걀 자체의 맛이고 오른쪽으로 나아가면 달걀과 밥 양의 균형이 바뀌고 맛도 바뀐다. 케첩을 듬뿍 뿌린 곳에 다다르면 새콤달콤한 맛이 입 속에 가득 퍼진다.

"아, 행복해라."

감탄사를 연발하고 있는 것은 Y양이다. "쇠고기가 데굴데굴, 밥은 따로따로, 속재료만으로도 충분히 맛있어." "게다가 달걀에 싸여 있는 사치스러움이란." "버터의 풍미도 최고야." 라고 하면서 연이어 명언을 날린다.

"오므라이스를 먹으면서 헤어지자는 말은 못하겠네요."

아무리 슬픈 상황에서도 행복한 미소를 짓게 만드는 극단적인 해맑음, 이것이 오므라이스의 참 모습이라고 Y양은 간파했다.

1시 45분, 세 사람은 각자 오므라이스를 정신없이 단숨에 먹어치웠다.

만족감에 취하면서 지하철을 타러 가는 길에 Y군이 진지한 표정으로 물었다.

"먹고 난 직후에는 한 그릇 더 먹을 수 있겠다고 생각했어요. 그런데 배가 엄청 부르네요. 도대체 달걀을 몇 개나 넣었을까요?"

그러게, 나도 같은 생각을 하고 있었다. 두 개로는 어림도 없다. 그럼 세 개일까? 아니, 어쩌면⋯⋯. 톡, 톡, 톡, 달걀을 깨는 소리가 머릿속에서 울리며 달리기 시작한 지하철 속에서 망상이 부풀어 오른다. 아무래도 진실을 확인해야 되겠다.

오사카(大阪) 신사이바시(心齋橋)의 다이마루(大丸) 백화점 모퉁이를 돌아 똑바로 가면⋯⋯. 분명히 이 근처였다.

두리번두리번 주위를 둘러보다 앗 저기다! 선명한 파란색 간판에 하얀 글자로 '메이지켄(明治軒)'이라 쓰여 있다.

'쇼와(昭和) 원년(1926년) 창업 나니와(浪花, 오사카 시와 그 부근의 옛 이름—옮긴이)의 맛'

'메이지켄'이 신사이바시에 가게를 마련한 것은 1962년, 가족경영이라는 외길을 고수해온 양식 전문의 시니세(117p 참고)다. 오늘은 일부러 신칸센(新幹線)을 타고 오사카까지 오므라이스를 먹으러 왔다.

"우리 왜 이러고 있죠? 별난 짓도 정도껏 해야지 원."

기차가 신오사카 역으로 들어섰을 때 옆자리에서 Y군이 중얼거렸다. 그런데 방금 그 말은 아닌 것 같다고 나는 단호하게 말했다.

언제나 마음속엔 오므라이스

"저기 말이지 오므라이스를 알고 싶다면 무조건 먹어봐야 하는 맛이 신사이바시에 있어. 이건 별난 짓이 아니야. 오므라이스에 대한 한결같은 마음이지."

유명한 양식집이 경쟁을 펼치고 있는 오사카의 미나미(ミナミ, 오사카 역을 중심으로 남쪽 지역의 번화가를 가리키는 총칭)에서 '메이지켄'의 오므라이스는 자기만의 맛을 고수하고 있다. 믿을 수 없을 정도로 많은 시간과 품이 들지만 재료는 아무것도 넣지 않는다. 그러나 한 번 맛을 보면 중독된다. 그 증거로 하루에 오므라이스만 500그릇 이상을 판다. 물론 나도 '메이지켄'의 오므라이스를 잊을 수 없다. 그래서 다시 먹으러 오지 않고는 도저히 참을 수 없었다. 누구도 흉내 낼 수 없는 독자적인 맛을 지켜온 것은 가족 3대와 종업원들이 하나가 되어 갈고 닦아온 솜씨 덕택이다.

문을 열자 오랜 세월의 흔적이 남은 서민적인 나무 카운터와 테이블 석에는 손님들로 꽉 차 있었다. 카운터 너머에는 역시 숙련된 솜씨로 일사불란하게 일하고 있는 베테랑 요리사가 다섯 명이나 된다. 손님에게 받은 주문을 주방에 전달하는 목소리도 활기에 차 있다.

"오므라이 하나, 다섯 개 세트(五本セット, 쿠시카츠(串カツ), 해산물, 고기, 야채 등을 꼬치에 끼워 튀긴 것—옮긴이) 다섯 개와 오므라이스) 둘!"

"돈카츠 카레 셋, 갑니다."

맛있는 양식을 먹을 수 있을 것 같은 예감에 오므라이스 순례를 하고 있는 기분이 고조된다.

"활기가 넘치네요. 과연 오사카구나, 가슴이 막 설렙니다."

그럼, 어서 주문하자고 모처럼 왔으니 명물 오므라이스 세트를 추천할게.

오므라이스&꼬치 다섯 개 세트 1,150엔

오므라이스&긴구시(銀串, 돼지 등심과 양파, 피망을 꼬치에 끼워 튀긴 것-옮긴이) 1,050엔

오므라이스&새우튀김(또는 치킨카츠, 크로켓, 포크카츠) 950엔

'꼬치'는 쿠시카츠(해산물, 고기, 야채 등을 꼬치에 끼워 튀긴 것)를 말한다. 오므라이스와 갓 튀긴 쿠시카츠가 함께 나오는 '메이지켄'의 세트 메뉴다.

"모처럼 왔으니 포타주 수프(300엔)도 추가할까?"

"좋지요. 그럼 나도."

양식은 메뉴를 읽고 있는 것만으로도 머리가 빙글빙글 돈다. 하야시라이스, 카레라이스, 폭찹 스테이크, 햄버그스테이크, 비프 스튜, 햄 샐러드…… 점점 어린아이로 돌아간다. 옆 테이블에서 오므라이스를 주문한 두 남자가 숟가락 등으로 소스

를 치덕치덕 바르면서 나누는 대화가 들렸다.

"역시 여기 오므라이스는 대단해."

"정말이야. 왠지 힐링이 되는 것 같아."

우리도 어서 힐링이 되고 싶다. 그리운 맛의 크루통이 들어간 포타주 수프를 먹고 있을 때 오므라이스&꼬치 다섯 개 세트가 줄줄이 나왔다. 봉긋하게 솟아올라 윤기가 흐르는 노란색의 방추형 오므라이스, 방금 전에 막 튀긴 쿠시카츠, 데친 양배추, 듬뿍 뿌려져 있는 매콤한 향기의 갈색 소스가 식욕을 돋운다.

숟가락으로 먼저 오므라이스를 떠서 먹는다. 아, 이 황홀한 감칠맛, '메이지켄'의 맛과 감격스러운 재회다.

"신기한 맛이네요. 밥에 맛이 배어서 자꾸 숟가락이 가게 되요."

Y군은 오므라이스에 뿌린 소스를 조금 묻힌 쿠시카츠를 중간중간 먹으면서 단숨에 다 먹어치웠다.

아무것도 들어 있지 않은데 중독이 되어버리는 맛. 그 비밀은 '초콜릿'에 있다. 초콜릿이라 해서 우리가 상식적으로 알고 있는 달콤한 맛의 그 초콜릿이 아니다. 소힘줄살과 소넓적다리살을 볶아서 사흘 동안 푹 삶은 다음 다진 것을 사각으로 잘라 보존하는 일명 '초콜릿'이야말로 '메이지켄'의 맛의 원천이다.

오사카 신사이바시_메이지켄

어쨌든 재료가 제대로다.

소힘줄살 2kg, 소넓적다리살 4kg, 버터 900g, 양파 9kg, 부용 큐브(Bouillon Cube, 육류, 야채 등을 우려낸 스톡을 응축시켜 정사각형으로 자른 것) 150g, 퐁 드 보(송아지 고기를 삶아 만든 갈색 육수―옮긴이) 850ml, 레드와인 750ml, 소금 200g, 후추 40g.

재료도 정성도 아끼지 않고 쏟아 부은 '초콜릿'을 기본으로 만든 페이스트로 밥을 볶는다. 모양은 없지만 고기의 깊은 맛이 응축된 맛이 '메이지켄' 오므라이스의 비밀이다.

"다른 요리는 대충해도(웃음), 오므라이스만은 대충할 수가 없어요."

돌아가신 2대째 사장님의 부인으로 혼자서 식당을 도맡아 하고 있는 이모토 게이코(井本啓子) 씨의 말이다.

"오므라이스가 맛없다는 소리를 들으면 끝이니까요. 그 외의 요리는 비싸고 맛있는 것이 다른 곳에도 얼마든지 있어요. 하지만 우리 집 오므라이스만은 경쟁할 대상이 없다고 생각해요."

그렇기 때문에 오므라이스에 기울이는 세심함은 대충 넘어가는 일이 없다. 실제로 4층에 있는 주방으로 들어가면 요리사가 총 열여섯 명이 있다. 하루에 500개 이상의 달걀을 껍데기 조각이 섞이지 않도록 주의를 기울여서 한 개씩 직접 깬다. 체로 거르면 껍데기 조각은 쉽게 골라낼 수 있지만 달걀의 쫀득함이 없어진다. 주문에 쫓기면서 신선한 달걀을 재빠르게 푸는 솜씨도 맛을 좌우하는 요소 중 하나다.

밥을 골고루 볶는 데도 숙련된 기술이 필요하다.
"우리 집 요리사들의 솜씨는 신기에 가깝다고 생각합니다. 밥의 하얀 부분을 없애려고 페이스트를 많이 섞으면 끈적하고 매워집니다. 살짝 섞어서 언제나 같은 맛이 나야하고 싸는 것도 마찬가지로 기술이 필요합니다."

이번엔 재빠르게 달걀로 밥을 싼다. 카운터에 앉아 있으면 눈앞에서 싸는 광경을 볼 수 있는데 귀신같은 솜씨다. 순식간에 완벽한 모양의 오므라이스가 접시 위에 나타난다. 바로 앞에서 관찰해보니 이런 식이다.

① 전용 프라이팬에 소량의 라드(Lard, 돼지고기 지방을 녹인 기름—옮긴이)를 넣는다.
② 한 개 반 분량의 물에 푼 달걀을 붓는다.
③ 젓가락 끝으로 전체를 저으면서 섞어주어 볼륨감을 갖게 한다.
④ 반숙이 된 순간 미리 볶아놓은 밥을 넣는다.
⑤ 프라이팬의 둥근 모서리를 교묘하게 이용하여 밥을 싸면서 접시에 올린다.

"뒤에서 보고 어떤 손님께서 말씀하시더군요. '뭐야 너무 간단해 보이네'라고요."

'메이지켄'에서 35년 동안 근속한 요리사 오기노 스스무(荻野進) 씨가 쓴웃음을 지었다. 너무나 많은 오므라이스를 만들다 보니 어느새 최고의 경지에 올랐다.

"이렇게 뒤집기만 하면 되는 줄 아는데, 탄 자국이 나도 안 되고, 불을 못 이겨서 프라이팬에 달걀이 눌어붙어도 안 됩니다. 뭐, 오랫동안 익숙해지긴 했지만 잠깐 정신을 팔았다간 엉망이 되죠. 게다가 오므라이스가 은근히 무거워서 하루에 수백 번, 수천 번을 흔들다 보면 팔이 아플 지경입니다."

여기 보라며 내민 팔꿈치에는 명예의 훈장이 감겨 있었다.

오므라이스를 접시에 옮기고 나면 그때부터 서둘러야 한다. 우물쭈물하다가는 달걀이 바로 굳기 때문에 달걀로 싸자마자 손님에게 가져다주어야 한다. 쿠시카츠와 세트로 주문이 들어오면 두 종류를 완성하는 타이밍이 정확히 맞아야 되는 등 난이도가 더욱 높아진다.

오사카의 손님만큼 까다로운 사람도 없다. 맛있는 것은 당연하고, 저렴해야 되는 것은 물론이다. 조금이라도 맛이 떨어지면 손님의 발길은 뚝 끊긴다. 더구나 미나미 지역은 엄격한 조건을 충족시켜야 살아남을 수 있는 가혹한 곳이다. 다만 쏟아지는 애정도 그만큼 크기 때문에 격려가 되기도 한다. 게이코 씨는 시아버지와 죽은 남편의 말이 몸에 배어 있었다.

"불황으로 매상이 바닥이었을 때 가격을 올리자고 말씀드렸다가 혼났어요. '시끄럽다, 난 손님만 좋아해주시면 된다고' 두 분 다 같은 말씀을 하시며 오므라이스 가격을 650엔으로 정한 뒤 십 수 년이나 가격을 올리지 않았습니다."

오므라이스는 이모토 가문의 심벌이기도 하다.

"'백 명 중 예순 명이 만족해주시는 맛을 지키지 않으면 안 돼.' 남편이 입버릇처럼 하던 말입니다. 만약 그 말을 어겼다간 큰일 나죠."

사실 페이스트로 만든다는 발상은 쿠시카츠를 만들 때 나오는 고기 자투리를 헛되이 버리지 않으려는 생각에서 비롯되었다. 맛있는 고기를 활용할 수 없을까라고 생각한 끝에 시행착오를 반복하며 다다른 것이 오므라이스의 밥에 양념으로 사용하는 방법이었던 것이다. 고생스럽지만 이것이 '메이지켄'의 맛이기 때문에 포기할 수 없다.

"얼마 전에 친한 손님한테 들었어요. '너희들은 이 맛을 절대로 몰라. 얼마나 감사한 맛인지 이해하지 못해.'라고요. 정말로 기분이 좋았습니다."

포타주 수프, 오므라이스, 쿠시카츠로 배가 잔뜩 부르다. 나가는 길에 "잘 먹었습니다."라고 주방에 있는 요리사들에게 인사하면서 '메이지켄'에 흐르는 따뜻한 공기 속에서 오사카의 성실함과 근면함을 절실하게 느꼈다.

그런데 아직 한 가지 풀지 못한 궁금증이 남아 있었다. 두툼하니 먹음직스러운 '타이메이켄'의 오므라이스는 달걀이 도대체 몇 개나 들어갈까?

일반적인 오므라이스와 민들레 오므라이스도 차지고 푹신한 것이 달걀의 사치감이 이루 말할 수 없다. '타이메이켄'에 뻔뻔스럽게 물어보자 3대째 사장인 모데기 고지(茂出木浩司) 씨가 시원하게 가르쳐주었다.

"아, 네 개입니다. 옛날에는 두 개였는데, 이타미 감독의 영화에 나온 뒤로 오므라이스가 붐을 일으켜서 그 무렵부터 차지고 푹신한 식감이 정착된 것입니다. 그 후로는 되돌릴 수도 없어서 이후 줄곧 네 개가 들어갑니다."

순간 머리를 한 대 맞은 것 같았다. 그랬구나. 1인분에 네 개! 나는 도저히 쓸 수 없는 수, 깰 용기가 나지 않는 수다. 오므라이스는 뭐니 뭐니 해도 달걀이 주인공이기 때문에 달걀의 품질에 많은 신경을 쓴다.

"이와테나 도치기(栃木)에서 막 낳은 신선한 달걀을 매일 직송으로 받고 있습니다. 역시 안심하고 받을 수 있는 달걀이 아니면 안 되죠. 방사해서 키운 닭이 낳은 달걀인데 그중에서도 노란색이 선명한 것이어야 합니다. 뭐니 뭐니 해도 달걀 자체가 맛있어야죠."

그렇기 때문에 일부러 명물 오므라이스를 먹으러 온 만족감을 맛볼 수 있었다는 것이다.

"옛날에는 우리 집의 인기 메뉴가 라멘, 새우튀김, 카레라이스 그리고 늘 잘 팔리는 보르쉬, 코울슬로였어요. 그런데 1985년에 민들레 오므라이스를 출시하기 시작한 뒤로 갑자기 오므라이스가 간판 메뉴가 되었죠. 지금은 니혼바시의 본점에서만 하루에 200~300인분씩 나가고 있습니다."

니혼바시 '타이메이켄'도 신사이바시 '메이지켄'도, 모두 양식만 외길로 3대째이다. 1920년대부터 대대로 하얀 조리복을 입은 주인장이 주방에 서서 가게를 이끌어왔다. 그 역사를 지금 한 몸에 지고 있는 것이 오므라이스일 줄은······.

오므라이스는 늘 태양같이 밝고, 다정하고, 활기에 찬 모습으로 싱글벙글 웃고 있다.

고마워, 오므라이스.

자시키에서 편안하게

찬바람이 몸에 스며들면 나베를 찾게 된다. 분명히 엊그제도 그랬다고 생각하면서 또다시 모락모락 피어오르는 김의 매력에 이끌려 테이블에 휴대용 가스버너를 놓고 냄비를 올린다.

배추가 익었다고, 어묵이 떠올랐다고 부지런히 젓가락을 움직이면서 생각하는 것이 있다.

'이게 자시키(座敷, 일본식 주택 양식의 다다미방으로 특히 객실로 사용한다. 좌식 식당을 말하기도 한다—옮긴이)였다면 분위기도 완전히 달라졌을 텐데.'

나베에는 역시 다다미(畳, 속에 짚을 넣은 돗자리. 일본에서는 방에 주로 깐다)방이나 좌탁이 어울린다. 남자라면 가부좌를 틀고 의젓하게 앉는다. 여자라면 냄비에 자꾸 신경 쓰면서 막 끓기 시작한 요리를 작은 냄비에 나눠 담는다. 그런 행동에는 일본인이라면 누구나 자연스럽게 딱 정해진 '틀' 같은 것이 있다. 자시키에서 먹는 모습이지만 이미 그 나름의 풍경이 된 것이다. 시끌벅적해도, 말이 없고 조용해도, 분위기 속에 뭔지 모를 풍취가 있다. 그럴 때면 아아, 일본이구나 하고 느낀다.

"이런 느낌의 식당은 거의 와본 적이 없어."

젊은이 둘이 식당 안을 두리번거리며 둘러보고 있다. 신발을 벗고 자시키로 올라오는 것 자체가 드물다고 한다. 여기는 1937년에 창업한 아사쿠사(浅草)의 오코노미야키(お好み焼き, 밀가루 반죽에 고기와 야채 등을 넣고 철판에서 구운 오사카의 대표 요리—옮긴이) 음식점 '소메타로(染太郎)'. 일반 가정집 풍의 자시키로 올라와서 탁자에 둘러앉아 직접 오코노미야키를 구워 먹는다.

"겨울에 여자가 부츠를 벗어야 되는 가게를 고르면 그것만으로도 '눈치 없는 놈'으로 보일 것 같아서 주저하게 됩니다."

쓸데없이 걱정을 사서 하는 출판사 광고부의 스물다섯 살 N군이 털어놓는다. 고기구이를 좋아하는 그의 1년 선배인 T군이 덧붙인다.

"더구나 자시키에서 먹을 때는 모두가 함께잖아요? 실패하면 안 된다는 압박감 같은 것이 있죠. 지금은 그것을 구울 타이밍이 아니라거나, 그렇게 구우면 안 된다거나, 사방에서 비난이 쏟아질 것 같고... 음식은 다 만들어져서 나와주는 것이 편하고 좋습니다."

요즘 젊은이들은 실패를 두려워하는 것으로 보이는데 그것부터가 잘못이다. 처음부터 훌륭한 어른이란 없다. 실패를 하고 창피도 당하고, 또 배우기도 하면서 모두 조금씩 어른이 되어가는 것이다. 하지만 이런 식으로 말하면 고지식한 도덕 선생님같아 보인다고 싫어하기 때문에 "아, 그렇구나." 하고 그냥 웃어넘긴다.

철판이 알맞게 달궈졌다. 우선 채소 구이, 해산물 구이를 사이좋게 나눠서 먹어치우고, 드디어 오코노미야키를 먹을 차례다.

효고(兵庫) 출신의 N군이 "오코노미야키라면 제가 좀 만들 줄 알죠." 반죽과 재료들을 섞어서 가만히 원을 그리며 철판에 붓고, 불이 센 곳에서 모양을 만든 다음 적당한 타이밍에 뒤집어준다. 꼭 지휘자 같다.

"아아, 기분 좋다~!"

후배가 구워준 오코노미야키를 입이 미어져라 먹으며 맥주를 꿀꺽꿀꺽, 정말 제대로 즐기고 있는 T군의 얼굴이 좋아서 싱글벙글한다.

"고기구이는 처음부터 한 사람 당 몇 조각으로 잘라서 나누는지 엄격한데 이렇게 하나를 나눠 먹으니까 참 좋네요. '친구가 된' 듯한 느낌입니다."

그것을 다른 말로 연대감이라고도 한다. 어깨를 나란히 하고 앉아서 화기애애하게 오코노미야키든 나베든, 얼굴을 마주하고 같은 솥의 밥을 먹고 서로 맥주를 따라주다 보면 금세 울

아사쿠사_소메타로

타리를 훌쩍 넘어가는 것이 일본인의 장기다.

"그러니까 가끔은 이렇게 자시키에서 먹는 것도 좋지 않나요? 무엇보다도 자시키에서 그럴듯하게 남자다운 폼도 나고."

멋대로 젊은이들과 친구가 된 것 같은 기분에 나는 안 해도 될 쓸데없는 말을 하고 말았다.

한마디로 자시키라고 해도, 장지문으로 칸막이를 한 개별 방부터 큰 방까지 때와 경우에 따라서 자유롭게 이용할 수 있는 것도 좋은 점이다. 그중에서도 꼴사나운 모습까지 존중하는 것이 이레코미 자시키가 아닐까?

이레코미란 넓은 자시키에 식탁을 줄지어 놓고, 순서에 따라 손님을 안내하여 자리에 앉게 하는 스타일이다. 안쪽부터 빈자리를 채우는 식으로 앉을 때도 있는가 하면 자기가 앉고 싶은 자리에 가서 앉을 때도 있다. 어느 것이나 칸막이가 없기 때문에 모르는 사람 옆에 앉게 된다. 장어나 미꾸라지 음식점, 나베 음식점 등 서민적인 정취를 소중히 여기는 시니세(117p 참고)는 대개 이레코미 식이다. 늙은이건 젊은이건 상관없이 넓은 자시키에서 왁자지껄 즐겁게 이야기를 나누고 있는 풍경은 뭐라 표현할 수 없는 편안한 분위기다.

어느 날 점심때가 조금 지나서 후카가와 메시(深川めし, 한때 바지락이 많이 잡혔던 후카가와 지역에서 어부들이 즐겨 먹던 바지락 덮밥—옮긴이)를 먹을 수 있는 오래된 음식점에 들어갔을 때도 이레코미 자시키였다. 후카가와 메시는 에도 시대 후카가와의 스사키(洲崎), 츠쿠다시마(佃島) 주변에서 채취하는 바지락을 된장을 넣고 푹 끓여서 밥에 얹어 먹는 서민적인 음식이다.

미닫이문을 열면 현관에 신발장이 있고, 그 신발장에 신발을 벗어놓고 들어간다.

"어서 오세요. 원하시는 자리에 앉으세요."

여종업원이 상냥한 목소리로 우리를 맞이한다. 일행과 둘이 바람이 잘 통하는 창가 식탁에 마주보고 앉자 마음이 안정되면서 한결 편안해진다. 테이블에서는 느낄 수 없는 기분이다. 낯선 곳에 가서 그 분위기에 익숙해지려면 어느 정도 시간이 필요하지만 이레코미 자시키에서는 순식간이다. 자리에 앉는 순간 스르르 마음이 풀어진다.

옆 식탁에서 아저씨들 여덟 명이 서로 맥주를 따라주며 정답게 이야기를 나누고 있다. 아마도 낚시 동호회인 듯 다음엔 이쪽 강이다, 아니다 저쪽이 좋다며 떠들썩하지만 이레코미라면 조금도 거슬리지 않고 오히려 정겨운 모습으로 비친다.

한 공간에 같이 앉아 있는데 서로가 보이지 않는 경계선을 만들고 간섭하지 않는다. 이것이 이레코미 자시키의 암묵적인 규칙이지만, 때로는 자기도 모르게 대화를 나누다 흥분하는 경우도 있다.

먹깨비 친구 둘이 이레코미 자시키 형식의 장어 집에 들어갔을 때의 일이다. 맛있다고 소문난 장어 집에 드디어 왔다는 생각에 긴장까지 했다. 맥주를 한손에 들고, 장어 달걀말이, 소금구이⋯⋯ 이것저것 주문하니 큰 접시로 한 가득 방석처럼 자리를 잡고 있는 장어구이가 나왔다. 그것을 보고 옆 식탁에서 장어덮밥을 먹고 있는 아저씨가 눈이 동그래져서 질렸다는 듯 말을 걸었다.

"여성분들이 식성이 참 대단하셔. 오늘 먹기 시합이라도 벌이는 건가?"

 스스럼없이 던진 말에 충격을 받았지만, 안 그래도 됐을 텐데 먹깨비의 이름을 걸고 져서는 안 된다고 고집을 부렸다. 터질 것 같은 배를 부여잡고 절반까지 다 먹었을 때 아까 그 장어덮밥 아저씨가 자리에서 일어났다.

"그럼, 힘내시게."

 맥 빠지는 응원을 남기고 사라진 순간 두 사람은 맥이 탁 풀려서 젓가락을 놓고 남은 절반을 포장해달라고 했다고 한다.

"정말 분하더라."

 말과는 달리 그녀는 말하는 내내 정말로 행복해 보였다.

 떠들썩하고 주위에 신경 쓸 필요가 없는 것이 이레코미 자시키의 좋은 점이라면 고아가리(小上がり, 초밥집이나 간이 요릿집 등에서 테이블석과 별도로 한쪽에 마련한 다다미방의 객석—옮긴이)는 반대다. 정답게 친구나 가족끼리, 보이지 않는 듯한 반쯤 밀실 같은 분위기가 있고, 그 애매한 풍경에 묘미가 있다. 가보면 어른의 공간, 인생의 소극장이다.

 그중에서도 작은 음식점의 고아가리에서는 그런 은밀한 분위기가 가득하다. 남자끼리, 여자끼리는 어울리지 않는다. 역시 묘령의 남녀 커플이 잘 어울린다. 작은 식탁을 사이에 두고 주거니 받거니, 자연스럽게 목소리도 작아진다. 마주 앉아 있는데 마치 바싹 달라붙어 있는 느낌이다. 다른 곳에서는 테이블을 사이에 두고 앉아 있으면 둘 사이에 도저히 이렇게 가까운 거리는 생기지 않는다.

섣달 해질 무렵. 긴자 7가의 메밀국수 전문점 '요시다(よし田)'로 들어갔다.

1885년에 창업했고 크로켓 소바가 유명하다. 닭고기 크로켓을 얹은 이 국수는 원래 1898년, 당시 니혼바시 하마초(浜町)에 있던 메밀국수 전문점 '요시다吉田'의 크로켓 소바를 작가인 사이토 료쿠우(斎藤緑雨)가 잡지에 소개하여 알려지게 되었다. 그것을 이은 것이 바로 긴자의 '요시다'이다. 메밀국수, 우동, 덮밥, 계절 한정 고바치(91p 참고)도 많다. 물론 이타와사(板わさ, 얇게 썬 어묵에 강판에 간 고추냉이를 곁들인 것—옮긴이)부터 달걀말이까지 술안주도 여러 가지, 겨울엔 대구지리, 굴 나베도 나온다. 긴자의 한쪽 모퉁이에 있으면서 전혀 거드름을 피우지 않는 정말 분위기가 좋은 음식점이다.

시끌벅적한 큰길에서 조금 멀리 떨어진 곤파루 도리(金春通り)의 가게 안으로 들어가면 넓은 실내에 테이블이 죽 늘어서 있고, 오른쪽 가장자리에 작은 사각 탁자를 놓은 고아가리가 있다. '요시다'는 테이블석이든 고아가리든 다 좋다.

"어서 오세요."

"고아가리 비어 있습니까?"

"네, 고아가리에 앉으시겠어요?"

"네."

미리 약속이 있었다. 7시 10분 전, 아직도 일행은 오지 않았다. 고아가리의 방석에 앉아 테이블석을 보니 오늘도 근사한 정경이 보인다. 장을 보고 돌아가는 길에 세이로(せいろ, 나무로 만든 용기, 메밀국수를 담아낸다—옮긴이)를 끌어안고 있는 노부인, 사케를 마시면서 냄비를 둘러싸고 앉은 세 명의 샐러리맨, 단정하게 머리를 묶어 올린 일본 옷 차림의 여성과 은발의 신사 커플은 그림에 나올 듯한 풍경이다. '요시다'의 실내 모습은 긴자의 축도(縮圖)이기도 하다.

고아가리의 탁자에는 '요시다'만의 독특한 방식으로 가지런히 식기가 놓여 있다. 그것도 좋다. 젓가락 받침대에 나무젓가락, 거기에 테두리를 두른 작은 사기 종지가 하나, 맥주잔이 하나... 역시 좋다. 뗏목처럼 긴 접시에는 오징어회 노른자 무침, 쑥갓나물, 기분 좋게 맞아주는 풍경에 행복해진다.

"오래 기다리셨습니다."

그때 Y군이 나타났다. 오늘 밤 고아가리 일행은 늘 전과 똑같은 모습의 이 사람이다. 그렇다 해도 속으로는 같은 생각을 할지도 모르고, 무심코 쓸데없는 말을 지껄였다가는 긁어 부스럼이 될 수도 있다.

"이야, 분위기 참 좋네요."

"편안해지죠? 여기 고아가리를 좋아해요. 먼저 맥주 한 잔 할까요?"

내가 좋아하는 고아가리를 잠깐 자랑하고 싶어진다. 재미도 있고, 이 좋은 기분을 알고 있는 것은 나밖에 없다는 생각이 들게 한다. 공간이 비좁아서 친근감이 더 샘솟기 때문일까. 고아가리에서 바라보는 '요시다'의 실내 풍경은 정말로 멋이 있다거나 이 앙증맞은 탁자가 좋다는 식으로 설명을 늘어놓으며 자꾸만 고아가리에 대한 칭찬만 늘어놓는데 계속 "네, 그렇군요."라며 다 들어주는 Y군은 역시 착한 사람이다.

"자, 어서 안주부터 몇 개 시키죠."

마구로누타(まぐろぬた, 된장 소스를 곁들인 참치회 안주—옮긴이)

이타와사(板わさ, 얇게 썬 어묵에 강판에 간 고추냉이를 곁들인 것—옮긴이)

시라코폰즈(白子ポン酢, 대구 이리를 폰즈 소스에 찍어 먹는 안주—옮긴이)

세 개를 안주로 기쿠마사무네(菊正宗, 일본 술 이름—옮긴이)를 데워서 마신다. Y군이 양반다리를 하고 앉아서 넥타이를 느슨하게 푼다. "마구로누타, 참 맛있네요. 시라코폰즈도 맛있어요." 술을 꿀꺽꿀꺽 비우고 이따금 입으로 가져가는 이타와사의 선뜻하고 싱싱한 식감이 또 즐겁다. 처음엔 일 얘기만 하더니 최근에 본 영화 이야기, 읽은 책 이야기, 아이 이야기, 만난 사람들 이야기, 작은 배를 타고 흔들거리며 가는 듯한 기분이 뭐라고 말할 수 없을 정도로 좋다. 이 또한 고아가리의 마법이다.

"안주 좀 더 시킬까요?"

"그래요, 그렇게 해요."

시메사바(しめ鯖, 고등어 초절임–옮긴이)
고노와타(このわた, 해삼 창자로 담근 젓–옮긴이)
나스시기야키(茄子しぎ焼き, 가지 된장 양념 구이–옮긴이)

그 후에 달걀말이도 주문했다. 문득 정신을 차리고 보니 빈 술병이 부쩍 늘어나 있었다.

"이쯤에서 메밀국수를 뺀 크로켓 소바 추천이요."

"네, 그걸로 주문하죠."

메밀국수를 뺀 크로켓 소바의 구수한 육수에 떠 있는 타원형의 닭고기 크로켓과 파, 술 그리고 간간이 뜨거운 국물을 홀짝이는 그 맛은 너무나 특별하다. 마무리로는 세이로(142p 참고) 한 판.

밖으로 나오자 밤바람이 차다. 무심코 시계를 보니 아직 9시 전이다.

"우와, 아직 아홉 시도 안 되었네."

"고아가리란 자리가 정말 신기하네요. 아직 두 시간도 되지 않았는데 몇 시간을 계속 앉아 있었던 것 같아요."

Y군이 눈을 껌뻑이면서 중얼거렸다. 그 기분은 나도 잘 안다. 고아가리는 서서히 주위를 잊게 만든다. 주위는 보이는데 보이지 않는 듯한 기분, 가게의 일부인데 그 공간만 뚝 떨어져

서 독립되어 있는 듯한 기분, 그런 특별한 기분을 느끼게 한다.

"그럼 다음에 또 뵙죠."

"조심해서 가고 또 봐요."

긴자의 한가운데에서 작별인사를 나누고 나자 얼큰하게 취한 기분과 함께 즐거운 시간을 보냈다는 추억이 선명하게 남았다.

탐스러운 달이 두둥실 겨울 하늘에 떠 있다. 도에이(都營) 신주쿠 선 모리시타(森下) 역에서 내려 밖으로 나오면 차들이 바쁘게 오가는 신오하시 도리(新大橋通り)다. 인근에는 스미다 강(隅田川)이 있다. 옛날 에도 시대 때 이 주변은 갈대가 무성하게 자라는 삼각주였다. 그것을 매립해서 후카가와(深川)라 부르게 되었고, 에도의 수로 요충지 중 한 곳으로 번성했다.

목표는 '미노야(みの家)', 이곳은 1897년에 창업하여 사쿠라니쿠(桜肉, 말고기의 속칭. 색이 벚꽃 색과 닮은 것에서 유래—옮긴이), 즉 말고기 나베가 전문인 시니세(117p 참고)다.

'미노야'의 표시는 길가의 벚꽃 무늬가 들어간 큰 간판이다. 벚꽃색의 전식(電飾, 옥외 장식용 전구—옮긴이)이 어둠 속에서 번쩍번쩍 빛나는 광경이 눈에 들어오면 그것만으로도 벌써 들뜬다. 포렴을 젖히고 안으로 들어가면 한텐(半天, 하오리 비슷한 짧은 겉옷의 하나. 깃을 뒤로 접지 않고 가슴의 옷고름 끈이 없다—옮긴이)을 입은 신발 담당 아저씨가 반가운 미소로 맞이해준다.

언제 찾아가도 서민적인 분위기에서만 느낄 수 있는 정겨운 분위기가 좋다. 신발을 맡기고 안으로 들어가 굵은 끈 포렴을 젖히자 칸막이가 일체 없는 큰 실내에 직사각형의 탁자가 두 줄로 길게 이어져 있다. 오랜 세월의 흔적으로 조청색(반투명한 황색) 광택이 나는 등나무 깔개의 감촉도 매끈매끈 편하다. 안쪽에 듬직하게 자리를 잡고 손님을 맞아주는 것은 압도당할 정도로 커다란 갈퀴로 바로 지난달에 도리노이치(酉の市, 11월 유일酉日. 신사에 서는 장. 그날은 재운과 복을 그러모은다는 각양각색의 갈퀴를 판다-옮긴이)가 끝났으니 거기서 산 갈퀴일 것이다. 어쩐지 감사하고 재수가 좋을 것 같은 느낌이다.

"이쪽에 앉으세요."

말쑥하게 풀을 먹인 새하얀 덧옷을 입은 여종업원이 시원시원하게 안내해준다. 방석 커버도 하얀 목면이다.

"와아, 너무 좋아요."

"분위기가 끝내주네요."

여느 때처럼 두 젊은이도 같이 왔다. 서민적인 자시키의 정취를 맛보게 하려고 무슨 일이 있어도 '미노야'에 데리고 오고 싶었다.

"자, 일단 편하게 앉읍시다."

동석한 Y군이 오늘은 회사 선배 행세를 하겠다는 작정인 모양이다. 네 명이 탁자를 사이에 두고 마주 앉아서 연말의 정신없는 업무에서 도망쳐 한숨 돌린다. 일단 시원한 맥주로 건배.

'미노야'의 사쿠라니쿠는 언제나 감동을 주는 맛이다. 담백하면서도 달콤하고 진하다. 예를 들어 말고기를 처음 먹는 사람도 질이 좋은지 나쁜지를 금방 알 수 있는 그런 맛이다. 5대째 대를 이어 가게를 지키고 있는 나가세 마모루(永瀬守) 사장이 알려주었다.

"손님께서 직접 요리를 해서 드시는 것이기 때문에 재료가 무엇보다도 중요합니다. 저희 가게에서는 아오모리(青森)에서 말고기를 구해 3주 동안 숙성시킨 것을 손님께 대접합니다. 말고기는 쇠고기나 돼지고기에 비해 수분이 많기 때문에 숙성시키기가 어렵습니다. 그래서 뼈가 붙어 있는 큰 고기를 사서 정성껏 숙성시킨 질이 좋은 부분만을 사용하고 있습니다."

가족이 대를 이어 가게를 지켜온 전통이 '미노야'의 맛에 또렷이 살아 있다.

그럼, 어서 주문하자. 그래도 처음부터 나베는 좀 성급한 감이 있다.

말고기 회
이타와사(141p 참고)
김

두 접시씩 적당히 고르고 사케를 데워달라고 했다. 주위를 둘러보니 천장의 높이가 마음에 들었다. 1955년 무렵까지는

자시키(134p 참고)에서 숯불을 피워 냄비를 올려놓았는데 그 때문이다. 창호에 명목(銘木, 형상·광택·나뭇결·재질이 진기하고 특수한 풍취가 있는 비싼 목재의 총칭)을 아끼지 않고 사용한 것은 손님 중에 나무와 관련된 일을 하는 사람들이 많았기 때문에 '얕잡아 보이지 않기' 위해서였고, 벚꽃 무늬가 새겨진 난간이나 칸막이도 무척 고급스럽다. '미노야'는 대대로 훌륭한 가풍을 이어온 것으로 보였다. 공습으로 불에 타서 폐허가 된 것을 1954년에 다시 지은 뒤로 그 시절의 정취를 소중하게 지켜오고 있다.

"우와, 말고기 회가 정말 맛있어요!"

모두가 감탄한 표정이다. 굳이 말로 표현하자면 참치 살이나 육사시미보다 훨씬 개운한 맛이다. 혀에 올리면 철분이 함유되어 있는 부드러운 고기의 맛이 시원하게 퍼진다. 불쾌한 느낌이 전혀 없다. 이 회를 맛보면 나베에 대한 기대가 한층 더 높아진다.

그러고 마침내 나베를 주문한다.

사쿠라나베(안심)
야키도후(焼き豆腐, 불에 쬐어서 구운 두부—옮긴이)
팽이버섯
달걀

여종업원이 익숙한 동작으로 작은 냄비를 가져오고 가스레인지에 불을 붙인다. 두 사람이 나베 하나씩, 마주 앉은 두 사람이 하나의 나베를 먹는 식이다. 어느새 냄비가 달궈졌다.

먼저 사쿠라니쿠와 된장, 이어서 파와 각종 채소, 곤약면, 밀기울(밀에서 가루를 빼고 남은 찌꺼기).

된장을 전체적으로 푼 다음 육수를 붓고 기다리면 천천히 끓기 시작한다. 국물이 보글보글 끓으면 사쿠라니쿠를 넣는다. 사쿠라니쿠는 핑크색으로 변한 순간 재빨리 꺼내서 먹는 것이 가장 맛있다.

그래, 지금이야.

두 냄비에 네 명이 일제히 젓가락을 뻗어 집어낸 고기를 풀어놓은 달걀에 퐁당 담가서 입에 넣는다. 고기를 씹자 농축된 사쿠라니쿠의 맛이 입 속 가득히 퍼진다. 행복해져서 한 입 더, 또 한 입 더. 그러는 사이에 파가 익었다. 곤약면도 적당하다. 말하는 사람은 아무도 없고, 모두 진지한 얼굴로 냄비에 집중한다.

마침내 1차를 마무리하고 젊은이들이 입을 연다.

"나베란 것이 스포츠 감독이나 플레잉 매니저 같은 능력이 있군요."

"그러게, 집중력과 지휘력으로 승부하는군."

정확한 표현이다. 특히 냄비가 작을수록 집중력과 지휘력이 모든 것을 결정한다. 아무 생각 없이 있다가는 끓어 넘치거나 너무 익어버린다. 불을 미세하게 조절하면서 냄비 속을 항상 최상의 상태로 유지하게 되면 능력자다. 하지만 그렇게 하기 위해서는 많이 해봐야 한다.

"파가 다 익었네. 곧 두부도 먹을 수 있겠는걸. 젊으니까 사양 말고 들어."

Y군이 옛날 영화의 한 장면 같은 대사를 날린다. 80년대만 해도 상사인 선배가 부하 직원을 데리고 이렇게 자시키에서 어깨를 나란히 하고 술을 권했다. 서로 얼큰하게 취하면 속내도 털어놓는다. 무의식중에 한 마디 넋두리라도 튀어나오면 선배 행세를 해 보이기도 한다.

"야, 약해지지 마."

등을 토닥토닥 두드리며 미소를 지어 보인다.

천장의 선풍기가 고개를 흔들고 있다. 음식점 안은 이미 만원이었다. 근방에 사는 사람도, 가족 일행도, 커플도, 회사 동료끼리 온 사람들도 냄비에서 피어오르는 김에 둘러싸인 채 나베를 먹으며 즐겁고 행복해 보인다. 이런 왁자지껄함 또한 맛있는 요리 중 하나다. 왠지 모두 친척으로 보이기 시작한다. 그리고 '미노야'의 역사에도 참여한 듯한 기분이다. 5대째 사장인 나가세 씨의 말을 떠올린다.

"어렸을 때부터 저녁밥은 반드시 사쿠라나베였습니다. 지금도 매일 한 끼는 먹습니다. 가족들이 다 매우 좋아합니다."

마무리로 달걀을 풀어서 엉기게 만든 국을 흰 밥 위에 얹어 훌훌 먹는다. 배가 불러 더 이상 들어갈 데 없다며 뚜껑을 닫아버리고, 뺨이 발그레해진 것은 보지 않고도 느낄 수 있다. 사쿠라니쿠만큼 몸을 따뜻하게 해주는 고기도 없다.

잘 먹었습니다. 아주 훌륭한 식사였다. 계산을 마치고 나니 자시키 한쪽 구석에 듬직하게 자리 잡고 있는 갈퀴를 향해 합장하고 싶은 기분이 들었다. 자리에서 일어나 현관으로 가자 신발 담당 아저씨가 재빠르게 우리의 얼굴을 확인하고 네 사람의 신발을 나란히 놓아주었다.

역시 자시키는 좋다. 조금 기운 달빛을 쬐면서 허물없었던 친밀함의 여운에 휩싸여 집으로 돌아가는 길에 올랐다.

긴자에서 샌드위치는

낙엽 한 잎이 겨울의 황량한 긴자 거리를 날아다니고 있다. 무심코 포장도로에 멈춰 서서 앞으로 갈 길을 바라보고 있는데 찬바람에 낙엽이 한 입 더 춤을 춘다. 그리고 4가 교차로의 신호등에 남쪽 하늘 같은 빨간색이 번쩍 들어왔다.

긴자는 겨울이 잘 어울린다. 오가는 사람들의 코트나 머플러가 주는 느낌이 가로수에 정감을 더해주기 때문일까? 고개를 움츠리고 종종걸음으로 걸어가는 새우등의 아저씨조차 희한하게 긴자의 겨울 풍경에는 멋있어 보이는 것을 보면 이 거리에는 역시 특별한 정취가 있다.

4가 교차로를 지나자 구수한 냄새가 코를 간질인다. '기무라야(木村屋) 총 본점'의 사쿠라앙팡(桜あんぱん, 벚꽃 단팥빵—옮긴이)이다. 술 성분의 효모로 만든 빵에 소금에 절인 벚꽃을 얹은 사

쿠라앙팡은 1875년 이후 줄곧 긴자의 대표 명물이다. 출입구를 들어가면 바로 보이는 나무 판에 진열하는 족족 하루에 1만 개가 날개 돋친 듯이 팔린다고 하니 정말 엄청나다. 이런 도시 전설이 있다. "백화점에서도 살 수 있지만, 긴자 4가의 단팥빵이 제일 맛있어." 그건 그럴 것이다. 같은 건물의 7층에서 제빵사들이 직접 구워서 곧바로 가게에 진열하는 것이니까.

단팥빵 축제장 같은 혼잡함을 뚫고 2층으로 빨려 들어간다. 빵 냄새를 맡았더니 갑자기 샌드위치가 먹고 싶어졌다. '기무라야 총 본점'의 2층에서는 매일 메뉴를 바꿔가며 샌드위치를 팔고 있다. 예를 들면 이번 주 메뉴는 이렇다.

월 스파이시 치킨 샌드위치
화 미트로프 오븐 샌드위치
수 새우 모둠 튀김 피타 샌드
목 포크소시지와 크림치즈 샌드위치
금 베이컨과 스크램블 에그 샌드위치
30개 한정 스프와 커피 포함 1,050엔

우리는 단팥빵만 맛있는 것이 아니라, 샌드위치도 맛있다는 것을 보여주고 있다. 4층의 프렌치 레스토랑에 대한 고집도 있다. 갓 구운 빵에 대한 자부심도 느껴진다. 그래서 샌드위치에 맞춰 빵의 종류도 라이맥(호밀)이나 하드계(딱딱한 종류), 각형 식빵…… 자유자재로 바꾼다. 긴자의 한가운데에서 은밀히 샌드위치의 거사가 일어나고 있는 것이다.

실은 이곳엔 손님을 끌기 위한 특별한 샌드위치가 있다. 그것이 바로 '작은 새우 카츠 샌드위치'다. 작은 새우를 모아 튀긴 두터운 단면은 누구나 깜짝 놀란다. 작정하고 덥석 물면 고소한 튀김옷 속에서 뜨거운 새우가 포동포동, 탱글탱글 춤을 추는 놀라운 샌드위치다.

"작은 새우의 등 쪽에 있는 내장을 꼼꼼히 제거해야 하기 때문에 사전 준비에 시간이 걸립니다. 틀로 둥글게 만들어놓고 주문이 있을 때마다 노릇노릇하게 튀기죠. 주말에는 100개가 나갈 정도로 대히트 메뉴입니다."

양상추를 함께 넣고, 새우에 어울리는 오로라소스는 요시무라(吉村) 총 요리장이 자신 있게 내놓은 회심의 역작이다. 그래, 오랜만에 '기무라야 총 본점'의 2층에 올라왔으니 오늘은 '작은 새우 카츠 샌드위치'를 먹기로 하자. 창 너머로 긴자의 겨울 하늘을 느긋하게 감상하면서…….

내가 좋아하는 긴자 요리는 복잡한 기분을 느끼게 한다. 자랑하고 싶지만 한편으로는 사람들에게 알려지는 것이 그리 달갑지 않다. 남 몰래 소중하게 지키고 싶다. 나만의 감미로운 비밀로 간직해두고 싶은 것은 그만큼 긴자라는 거리에 나름의 애착이 있기 때문일 것이다. 속이 깊은 거리다. 샌드위치 단 하나만 해도...

샌드위치는 배가 조금 고플 때 살았다는 기분으로 매달리듯이 달려든다. 시간이 없어서 허둥댈 때도, 분주함마저 한 순간에 맛으로 바꿔주는 고마운 존재다.

"그럼 편의점 샌드위치도 그렇습니까?"

그렇게 묻는 사람이 있었기 때문에 난 바로 이렇게 대답했다.

"글쎄요, 여기에 주먹밥 두 개가 있다고 가정해보죠. 하나는 어머니가 손바닥이 빨개져가면서 갓 지은 밥을 뭉쳐서 싸주신 것. 다른 하나는 버스럭버스럭 포장을 벗겨서 김을 말아 먹는 100엔짜리 주먹밥. 같은 주먹밥이라도 다르죠. 그러니까 그런 게 아닐까요?"

샌드위치도 마찬가지다. 그냥 빵 사이에 무언가 넣으면 샌드위치가 되는 것이 아니다.

"샌드위치는 정성 덩어리다."

이렇게 거리낌 없이 잘라 말할 수 있다.

그렇기 때문에 긴자에서 맛있는 샌드위치를 먹을 수 있는 것은 분명한 이유가 있다.

"손님 대접만은 확실하게 하고 싶다."

그 일념을 고집스럽게 지키고 있는 것이 다름 아닌 긴자의 긍지다. 긴자로 식사를 하러 오시는 이상 성심성의껏 대접해드리겠습니다라는 긴자의 긍지가 흘러넘치고 있다.

예를 들어 긴자 7가의 '양과자점 웨스트'의 '토스트 햄 샌드위치'의 단정한 모습에는 늘 홀딱 반한다.

노릇노릇 구운 빵에 버터와 머스타드, 갓 구운 두꺼운 로스햄이 들어가 있고 가장자리를 바짝 잘라서 다듬고, 하얀 종이 냅킨 위에 얌전히 앉아 있다. 옆구리엔 화룡점정으로 녹색의 파슬리 그리고 레몬 착즙기가 딸려 있고, 안에는 미리 껍질을 벗긴 레몬이 반달 모양으로 잘려 있다…….

따뜻한 햄과 구수한 빵이 썩 잘 어울리는 '웨스트'만의 단정한 맛이다. 도중에 레몬을 한 방울, 두 방울 쭉 짜서 상큼한 맛으로 바뀌는 변화를 즐긴다. 하얀 머그컵으로 마시는 브랜드 커피는 옛날 맛 그대로다. 말쑥하게 풀을 먹인 테이블크로스와 등받이에 씌운 의자 커버는 오늘도 새하얗다.

긴자의 상징적인 호텔인 '제국 호텔'은 어떨까. 궁금증에 바로 '랑데부 라운지'로 가서 2,100엔짜리 '아메리칸 클럽하우스 샌드위치'를 주문해보았다. 롱스커트 차림의 여종업원이 허리를 숙이고 우아하게 나이프와 포크, 천 냅킨을 세팅해주었지만 샌드위치는 역시 손으로 먹어야 제 맛이다. 치킨과 베이컨, 양상추 등을 듬뿍 넣은 화려하고 볼륨감 넘치는 속재료를 찬찬히 들여다보며 납득해보려고 하지만 도저히 마음이 이래저래 혼란스러워서 납득이 안 된다. 이렇게 비싼 샌드위치를 태연하게 먹어도 되는 것일까. 일부러 '제국 호텔'에 발을 들여놓고 서민적인 고민에 사로잡혀 있는 것이 좀스럽게 느껴지며 마지막 한 조각을 다 먹을 때까지 그 생각이 떠나질 않는 것이었다.

너무 비싸도, 너무 싸도 묘한 위화감이 남는다. 샌드위치의 가격이라는 것은 정말 미묘한 것이다.

"어렸을 때부터 제가 샌드위치를 굉장히 좋아했어요. 긴자에서 샌드위치를 먹다니 정말 기쁘네요."

한 아이의 아버지인 Y군이 천진난만한 미소를 지어 보이자 나도 기쁘다. "유라쿠초에서 만나죠."라는 말에 '유라쿠초 마리온'의 큰 시계 아래에서 만나 긴자 방면으로 등을 보이고 빙글 돌아 들어간 곳은 신 유라쿠초 빌딩의 '**하마노야 팔러(はまの屋パーラー)**'다.

"여깁니까?"

유라쿠초 '하마노야 팔러'

순간 실망하는 것도 당연하다. 건물 지하의 안쪽에 있는 일반 찻집으로 비닐시트 의자가 늘어서 있는 복고적인 분위기다. 손님은 인근의 샐러리맨과 여사무원들뿐이고, '멋 부리고 긴자로 놀러 왔다'는 손님은 없다. 따라서 언제나 한가롭다. 따뜻한 분위기에 젖고 싶어서 이따금 까닭 없이 오고 싶어진다. 물론 목적은 다름 아닌 샌드위치다.

"80년대 분위기의 메뉴가 좋군요. 오렌지, 바나나, 딸기, 복숭아…… 생과일주스가 넘쳐납니다. 오, 있다 있어. 샌드위치는 달걀, 햄, 채소, 치즈, 스페셜…… 음료수와 세트로 850엔. 뭘 고르지?"

주문서에 적힌 글자는 '샌드위치'. 내가 추천한 것은 20엔을 더하면 토스트로 만들어주는 '스페셜 샌드위치'다.

샌드위치는 빵과 필링(빵 사이에 넣는 내용물)의 콤비네이션이 중요하다. 단, 속재료의 물기나 습기가 빵에 전해지면 순식간에 눅눅해져버리기 때문에 기술과 요령이 필요하다. 앞치마를 두른 아주머니가 '스페셜 샌드위치'를 가지고 왔다.

깔끔하게 잘린 단면의 배색이 아름답다. 햄의 핑크색, 오이와 양상추의 녹색, 달걀의 노란색. 황금 콤비의 품격이다. 그리고 속재료를 넣는 데도 순서가 있다.

〔빵→양상추→오이→토마토→달걀→햄→빵〕

즉, 양상추와 햄이 방파제가 되어 안쪽의 습기로부터 빵을 보호하고 있다. 여하튼 '하마노야 팔러'의 달걀은 화상을 입을 정도로 뜨겁다.

"맛있다. 이거 참 맛있네. 달걀프라이가 폭신하고 뜨거워."

그러더니 정신없이 먹어치우고 내 접시에 있는 한 조각까지 넘보려고 하는 Y군이다.

이것이 '하마노야 팔러' 류의 대접이다. 카운터 너머, 주문을 묵묵히 처리하는 하얀 와이셔츠에 나비넥타이 차림의 아저씨가 보고 싶어진다. 부른 배를 쓸어내리고 있는데 옆자리에서 샐러리맨 아저씨가 스포츠 신문을 접으면서 작은 목소리로 중얼거렸다.

"이제 갈까."

여기는 잠시 날개를 접고 쉴 수 있는 나무 같다. '하마노야 팔러'의 '샌드위치'는 잠깐 동안의 휴식을 충분히 만족시켜준 뒤 다시 전송해주는 평온한 맛이다.

갑작스럽긴 하지만 과일 샌드위치를 좋아합니까라고 물어보면 단호하게 '네'라고 대답하는 사람이 과연 얼마나 될까? 그게 빵일까, 빵 모양을 한 과자일까, 차라리 케이크로 보는 게 낫지 않을까? 그게 아니면 왜 과일을 굳이 생크림과 섞어서 하얀 빵에······. 머릿속이 뿌예지면서 중얼거리기 시작한다.

문제 해결의 실마리를 찾아 서성이고 있는데 하루미 도리(晴海通り)에서 우연히 눈에 들어온 간판을 보고 이거다 싶었다. '긴자 센비키야(銀座千疋屋)'이다.

오후 1시 45분, 2층 티룸은 여성 손님밖에 없다. 무심하게 둘러보다 조금 놀랐다. 손님이 앉아 있는 일곱 테이블 중 다섯 테이블에 과일 샌드위치가 놓여 있는 것이 아닌가. 과일 샌드위치의 인기를 실감하고 부랴부랴 자세를 바로 하고 과일 샌드위치와 마주할 결심을 굳혔다.

과연 '센비키야'는 대단하다. 사과. 멜론. 황도. 딸기 등 대표적으로 인기가 많은 과일들을 아끼지 않고 두툼하게 썰어 넣었다. 색색들이 과일들은 하얀 생크림 속에서 보석처럼 강렬한 색채를 발하고 있다. 폭신하고 부드러운 샌드위치의 자로 잰 듯 정확하게 여덟 조각으로 잘린 단면은 조각 케이크를 방불케 했다. 손가락으로 집어서 맛을 보자 좀 적은 듯한 생크림의 양이 절묘하다. 사각사각한 사과의 식감, 과일들의 하모니, 은은히 여운을 남기는 빵의 달콤함, 무엇보다도 과일 맛이 뛰어나다.

그런데 여섯 조각까지 먹었을 때 어이없어 하며 손을 놓았다. 점심을 거른 공복이 패인이다.

'식사를 과일 샌드위치로 해도 되나?'

개운치 않은 불만이 스멀스멀 고개를 들며 배꼽시계가 칭얼대려고 한다. 과일 샌드위치의 맛은 다분히 타이밍으로 결정된다. 마음에 여유가 있을 때, 가끔 생각날 때마다 그때그때 집어 먹는 게 제일 좋지 싶다.

"직장 여성들이 퇴근할 때 접대부들은 긴자로 출근한다."

다카미네 히데코(高峰秀子)의 내레이션으로 첫 장면이 시작되는 나루세 미키오(成瀬巳喜男)의 영화〈여자가 계단을 오를 때〉. 1960년 도호 영화(東宝映畫) 제작, 각본은 기쿠시마 류조(菊島隆三)의 오리지널이다. 긴자의 밤거리에서 일하는 고용 마담 게이코(圭子)를 연기하는 다카미네 히데코는 눈이 휘둥그레질 정도로 아름답다. 영화의 제목에 나오는 '여자'는 긴자의 밤거리에서 일하는 접대부들을 말한다. '계단'은 떠들썩한 상가에 있는 바(Bar)로 오르는 계단이다. 나루세의 영화는 반세기가 지나도 여전히 긴자 거리를 농밀하게 그려낸다.

겨울의 해질녘은 빠른 걸음으로 다가온다. 하나둘 불이 켜지기 시작하면 가로수가 실루엣이 되어 서성인다. 그 아래를 오가는 것은 화려한 옷이나 롱드레스로 몸을 감싼 접대부들이다. 그리고 화려한 밤거리에서 '여기밖에 없다'고 지명을 받은 명예로운 샌드위치가 있다.

작가들이 잘 가는 바로 알려진 '스키야바시(數寄屋橋)'는 1968년 창업, 소노다 시즈카(園田静香) 마마는 긴자의 역사와 함께한 베테랑 중의 베테랑이다. 전설의 장소에서 이전했을 뿐, 7가의 가게 문을 열고 들어가자 기모노 차림의 시즈카 마마가 "어서 오세요."라며 환대해준다. 나오키 상 발표 후 심사위원들이 모이는 유일한 장소가 '스키야바시'이고, 출판 관계자가 끊임없이 손님으로 드나든다. 오늘 밤엔 25년 단골인 '분게이슌슈'의 H 씨가 벌써 와 있었다.

우선 건배. H 씨의 권유에 따라 위스키를 트와이스 업으로...
옆에 앉은 시즈카 마마가 알아서 시중을 들어준다.

"H 씨, 그럭저럭 참 오랫동안 알고 지냈네요."

"아니 그런데, 새로운 곳에 익숙해져서 다행이야. 전에는 정말 거짓말로도 깨끗하다고는 할 수 없는 곳이었지만, 그게 또 나름대로는 좋은 맛을 냈기 때문에 살짝 걱정이 되긴 했어."

자칭 '긴자를 속속들이 알고 있다'는 H 씨의 독설은 신랄하기 짝이 없었지만, 여기서 한 가지 묻고 싶은 게 있었다. 저기, '미야자와(みやざわ)'의 샌드위치는 아시나요?

"아, 그거 정말 맛있지! 배가 좀 출출하다 싶을 때는 '미야자와'의 돈카츠 샌드위치야."

역시. '긴자를 속속들이 알고 있다'는 그의 즉답이다. 그러자 시즈카 마마가 바로 반응한다.

"그럼, 잡수셔야지. 매니저! 여기 돈카츠 샌드위치 하나만 시켜줘."

돈카츠 샌드위치가 배달되어 온 것은 트와이스 업을 석 잔째 비웠을 때였다.

두께 만족, 방금 튀겨서 아직도 뜨거운 히레카츠, 얼얼하게 매운 오리지널 소스, 아담하게 정사각형으로 자른 조각 하나를 입에 넣자 풍부한 육즙의 돈카츠에서 맛이 뚝뚝 떨어지며 머리속에 '삼위일체'라는 단어가 뛰어 다닌다.

"가게로 배달시키기에는 샌드위치가 제격이에요. 그 외에도 초밥집의 초밥, 일식집의 주먹밥도 마찬가지입니다. '미야자와' 사장님은 전화 한 통이면 방금 만든 것을 보내줘요. 샌드위치 하나에도 정성을 다하죠. 맛도 좋고, 기다리지 않아도 되고. 손님들한테도 평판이 좋아요."

그렇다마다. 난 이 돈카츠 샌드위치와 달걀 샌드위치, 오늘의 양식이 먹고 싶어서 가끔 닛코(日航) 호텔 뒤편에 있는 '미야자와'에 가곤 한다. 장어의 침상(うなぎの寝床, 도로에 면한 폭이 좁고 안으로 깊게 들어간 직사각형의 건물 구조. 교토의 독특한 건물 구조다―옮긴이) 같은 작은 가게이지만 밤 8시가 가까워지면 한쪽 구석에 있는 검은색의 전화기가 쉴 새 없이 울어댄다. 인근 가게에서 배달이나 테이크아웃을 주문하는 전화가 쇄도하기 때문이다.

'스키야바시'에서 돈카츠 샌드위치를 먹으면서 나도 모르게 신음소리가 흘러나왔다. 이 샌드위치는 역시 보통이 아니다. 바나 클럽에서 먹으면, 즉 술을 마시면서 안주로 먹으면 소스의 독특한 매운맛과 뜨거운 돈카츠가 다음 잔을 저절로 끌어당긴다.

이게 바로 술을 부르는 샌드위치다. 긴자의 밤은 역시 괴물이었다.

'미야자와'의 시미즈 이사오(清水勲) 사장은 젊었을 때 긴자에서 바텐더로 시작해서 자기 힘으로 가게를 연 지 25년, 50년 동안 줄곧 긴자에서 살아온 사람이다.

"정말 멋진 곳이에요, 여긴. 안심할 수 있고, 옛날 그대로의

긴자_스키야바시

편안한 곳이지요. 날 키워준 거리라 긴자에 감사하는 마음, 은혜를 갚겠다는 생각으로 매일 가게에 나오고 있습니다."

주방의 요리사는 25년째 주방장을 맡고 있는 도츠카(戶塚)씨 외에 총 일곱 명, 6~8가를 중심으로 긴자의 골목 안쪽까지 속속들이 알고 있는 배달 전문이 두세 명. 좁은 가게 안엔 늘 화기애애한 분위기가 흐른다. 저녁에는 출근 전의 허기를 달래려고, 심야에는 집에 돌아가는 길에 그날의 때를 씻기 위해, 이곳이 실은 긴자의 접대부들에겐 귀중한 쉼터 같은 곳이기도 하다.

단, 일에 있어서는 고집스러운 면이 있다. 확고하게 지키고자 하는 방식이 있는 것이다.

"샌드위치는 하루에 600g짜리 식빵 세 개로 스물다섯 개를 만듭니다. 달걀 샌드위치에 쓰는 삶은 달걀은 백오십 개, 달걀을 까는 담당인 아내의 말버릇이 '난 달걀을 까는 데 목숨을 걸고 있어.'입니다. 그도 그럴 것이 샌드위치 속에 달걀 껍질 조각이 조금이라도 섞여 있으면 배달을 시키는 가게에도, 손님들께도 변명할 여지가 없으니까요. 장사는 서툴지만 성실하게 일하는 것이 저의 모든 것입니다."

하늘에 떠 있는 별만큼 수많은 불빛이 반짝이는 이 거리에서 아무도 모르게 사라져간 가게는 수를 헤아릴 수 없을 정도로 많다. 그 와중에 오랫동안 꾸준한 사랑을 받아온 '미야자와'의 샌드위치는 긴자를 지탱하고 있는 맛이 난다.

술을 부르는 샌드위치라 하면 이 바의 이름을 빼놓을 수 없다. 코리도 가(コリドー街) '**록피시**(ロックフィッシュ)'. 복각판(復刻版, 단종된 후 다시 생산한 상품—옮긴이) 43도 산토리 카쿠(サントリー角)로 만드는 아주 가벼운 맛의 하이볼이 나오는 바다.

심야에 바에서 집어 먹는 샌드위치는 왜 그렇게 맛있는 걸까? 카운터에서 술잔을 기울이고 있으면 갑자기 옆에서 군침을 돌게 하는 냄새가 코끝을 간질일 때가 있다. 그러면 더는 참을 수 없다. 조건반사적으로 꼬르륵꼬르륵 배꼽시계가 요동을 친다.

'록피시'의 인기 메뉴 중 하나는 생햄과 카망베르 샌드위치다. 접시 위를 바라보니 정교한 모자이크 모양의 샌드위치가 아름답다. 노릇노릇하게 구워진 세 장의 식빵 사이에 빈틈없이 꽉 들어차 있는 것은 카망베르치즈, 생햄, 토마토, 바질. 마요네즈와 홀그레인 머스터드 그리고 흑후추가 심플하면서 오묘한 맛을 자아낸다.

바텐더인 하세가와(長谷川) 씨는 샌드위치 만들기의 달인이기도 하다.

"우선 처음에 빵을 어떻게 굽느냐가 모든 것을 좌우합니다. 수분이 남아 있지 않도록 바삭하게 구워야 하죠. 설구워도, 부드러워도 안 됩니다. 끝까지 이상적으로 굽는 방법을 유지합니다. 그 다음은 집중력, 샌드위치를 만들고 있는 도중에 집중력이 흐트러지면 반드시 접시 위에 나타납니다."

하이볼의 달인으로 명성이 높은 바텐더, 마구치(間口) 씨도 같은 말을 한다.

"맛있는 샌드위치는 겉모양만 봐도 알 수 있습니다. 샌드위치는 무엇보다도 가지런한 모양이 생명이니까요."

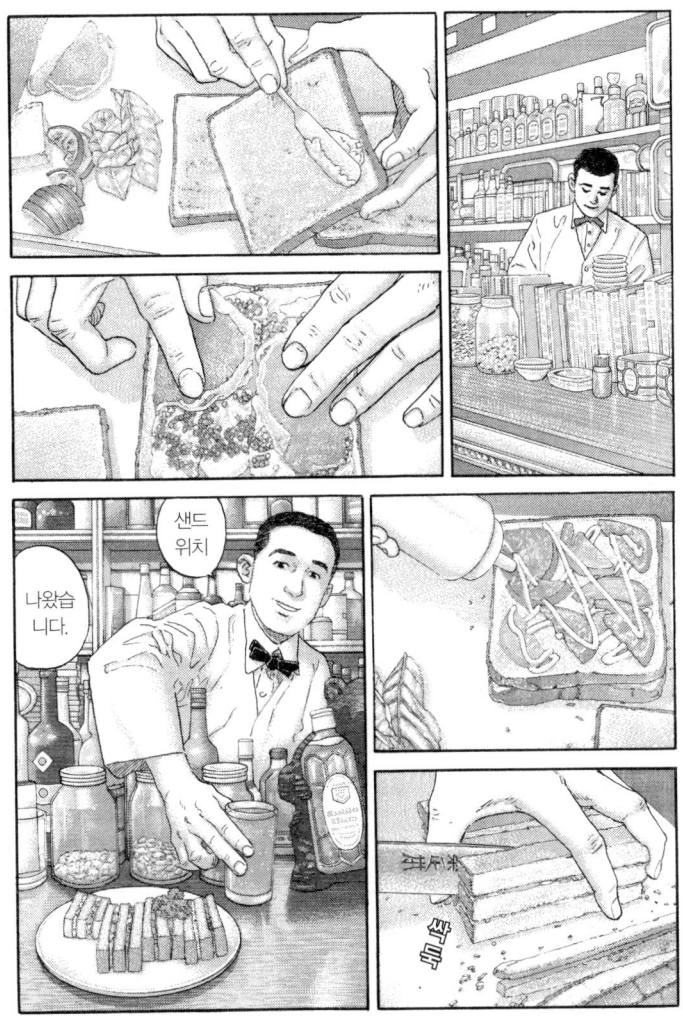

긴자_록피시

샌드위치는
긴자에서

이상적인 맛을 실현하기 위해 마구치 씨가 빵집을 분주하게 돌아다니다 마침내 찾아낸 것은 구울 때의 냄새가 좋고, 수분이 쉽게 날아가고, 또 접시에 놓았을 때 알맞은 두께의 식빵이다. 식빵 한 장, 마요네즈의 풍미에 이르기까지 철저하게 계산된 '록피시'의 미학이다.

술을 잘 못 마시는 Y군이 한 손에 하이볼을 들고 이제나저제나 하며 목을 길게 빼고 기다리고 있다.

"오래 기다리셨습니다."

하세가와 씨가 테이블 위에 놓은 접시는 언제 봐도 너무 아름답다.

"잘 먹겠습니다."

단정한 직사각형의 샌드위치를 집어서 입에 넣은 Y군은 가만히 눈을 감았다.

"이건……."

감격한 나머지 하이볼을 꿀꺽꿀꺽, 술도 못하는 사람이 그렇게 마시면…….

쇼와 도리(昭和通り)를 건너면 가부키 공연장인 가부키자(歌舞伎座)가 나온다. 2010년의 재건축을 앞두고 항례(恒例) 공연인 초봄 대가부키는 '가부키자 작별 공연', 일말의 섭섭함이 스친다. 하지만 히가시긴자(東銀座)에서 그 맛이 건재하다고 생각하면 힘이 나기도 한다.

'초시야(チョウシ屋)'의 크로켓 샌드위치를 처음 알게 된 것은 10여 년 전의 일이다. 히가시긴자의 뒷골목에서 1927년에 원래 정육점으로 창업한 이 가게는 가게 앞에서 크로켓과 멘치카츠를 튀긴다. 그리고 그 자리에서 바로 뜨거운 크로켓과 멘치카츠를 코페 빵이나 일반 식빵 사이에 끼워주는데, 그 맛이 기가 막힌다는 소리를 듣고 부랴부랴 찾아간 것이 처음이다. 그 후로 히가시긴자에 볼 일이 있을 때면 돌아오는 길에 꼭 들르게 되었다. 방금 만든 것을 사서 참지 못하고 가까운 공원으로 뛰어가 벤치에서 먹는다. 그런 이야기를 한 순간 Y군의 눈동자가 번쩍 빛났다.

"그 크로켓 샌드위치는 무조건 먹고 말 테야."

어둑어둑해지기 시작하는 오후 4시가 '초시야'의 저녁 장사가 재개되는 시간이다. 정각 4시, 금방 뒤로 다섯 명이 줄을 섰다. 모두 근처에 사는 사람들뿐이다.

"크로켓 샌드위치 두 개 주세요."

새하얀 덧옷을 입은 잘생긴 오빠가 지글지글 소리를 내며 즉각 크로켓을 튀겨준다. 삼각건으로 머리를 감싼 아주머니가 숙련된 손놀림으로 빵에 소스를 쭉 뿌리고, 식칼로 딱 절반으로 자른다.

"두 개에 500엔입니다."

종이로 싸서 고무줄을 묶은 포장지가 뜨겁다. 고꾸라질 듯이 가까운 공원으로 달려가 벤치에 앉아 Y군과 함께 크로켓 샌

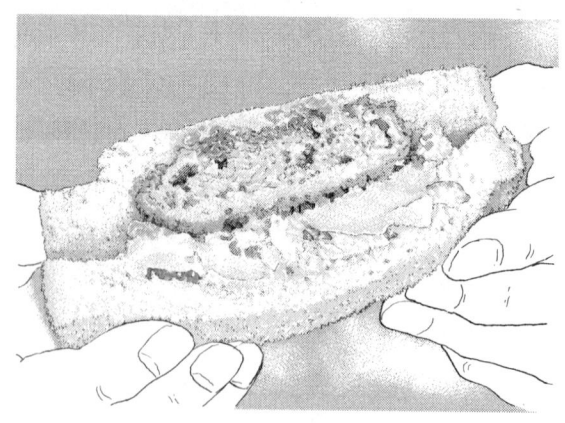

초시야 '멘치 샐러드 샌드위치'

드위치를 먹는다.

"아뜨뜨."

"화상 입겠어."

그래도 상관 않고 한 입 깨물자 빵 속에서 바삭바삭한 크로켓 옷이 터지며 감자가 흘러나왔다. '초시야'의 특제 소스가 식빵에 스며들어 절묘한 콤비네이션을 이루며 할 말이 없게 만든다. 히가시긴자에서 자란 아이들은 모두 이 맛을 느끼며 컸겠구나.

화창하게 맑은 하늘에 비행기구름이 한 줄 떠 있다. 벌거숭이가 된 나무들, 황량한 긴자의 동쪽 끝, 개가 추운 듯 공원을 이리저리 뛰어다닌다.

"겨울이네요."

"마침내 한겨울이네."

휘잉~ 살갗을 에는 찬바람이 부는데 '초시야'의 뜨거운 크로켓 샌드위치가 뱃속에 스며들어 온몸이 따뜻하다.

"긴자를 여기저기 돌아다니며 샌드위치를 먹었더니 어렸을 적 엄마가 만들어주신 롤 샌드위치가 왠지 자꾸 떠오르네요."

"나도 그리워. 색색들이 샐로판지로 둘둘 말아서 싸주신 그 샌드위치가 말이야. 생일이나 어디 여행 갈 때면 만들어주셨는데."

샌드위치로 만든 도시락을 받으면 아무 이유 없이 기분이 좋았다. 내 손으로 빵에 햄이나 치즈를 넣고 반으로 뚝 잘라 급하게 만든 샌드위치도 좋지만, 그만큼 일부러 고생해가며 만들어주신 샌드위치에는 감사한 마음이 더 깊다. 그냥 빵만 먹어도 되는데 속재료를 따로 준비해서 빵 사이에 넣고 깔끔하게 잘라놓은 샌드위치, 정성이 가득한 그 샌드위치를 손에 들면 좋아서 어쩔 줄을 몰랐다.

그래서 샌드위치는 나이를 아무리 먹어도 가슴이 두근거리는 걸까.

*초시야의 멘치 샐러드 샌드위치는 멘치 샌드위치로 변경되었습니다.

나 홀로 나베
겨울을 아쉬워하며

잔술은 세월의 때가 묻은 데콜라 테이블에 잘 어울린다.

"어서 오세요. 안으로 들어오세요."

하얀 덧옷 차림의 여종업원(추정 52세)이 술병의 목을 잡고 잔에 콜콜콜 술을 따른다. 이것은 단순한 잔술이 아니다. 히레자케(ひれ酒, 복어의 지느러미를 불에 쬐어 구워서 데운 술에 넣은 것-옮긴이), 복어의 지느러미 술이다.

노릇노릇하게 구운 복어의 지느러미가 뜨끈하게 데운 술 속에 두둥실 떠 있다. 그 향기에 이끌려 술잔을 잡았다가 손이 데는 줄 알고 황급히 떼었지만 이미 늦었다. 히레자케의 빛깔과 향기에 어질어질하다.

한겨울의 도톤보리(道頓堀)는 복어 지리의 천국이다. 골목을 걷고 있으면 좌우에서 유혹의 손길이 다가온다.

복어 지리.
복어 회.
복어 데침.
복어 뭉텅썰기.
히레자케. 시라코자케(白子酒, 복 이리 술-옮긴이).

손님을 끄는 간판이나 차림표를 보자마자 혈중 복어 농도가 쑥쑥 올라간다. 양식이니, 자연산이니 따지는 것은 나중 문제다. 복어 사랑이 부채질하여 마음이 이리저리 날뛴다. 복어는 역시 악마 같은 존재다. 이렇게 뜨거운 히레자케를 마셨을 뿐인데 몽롱하게 무아지경에 빠진다.

도톤보리에서 혼자 복어 지리를 즐긴다. 십 수 년 전부터 알게 된 극락의 세계다. 여행길에서 마주한 싸늘한 밤공기, 복어 지리라도 먹고 몸을 좀 데우자며 도톤보리에 사는 친구에게 전화를 걸었었다.

"복어라면 '요타로(与太呂)'가 좋아. 아저씨 혼자 술을 마시면서 기분 좋게 지리도 즐길 수 있고..."

'요타로'는 1959년 창업한, 옛날의 도톤보리 분위기가 아직도 남아 있는 복어요리 전문점이다. 문을 열자 과연 그곳엔 홀로 지리를 즐기고 있는 화려한 그림이 펼쳐지고 있었다.

카운터에 한 명씩, 점퍼를 입고 사냥 모자를 쓴 아저씨와 양복 차림의 젊은 오빠... 비어 있는 두 자리를 사이에 두고 앉아

도톤보리_요타로

서 일정하게 간격을 유지하고 있다. 부글부글 끓는 냄비를 부지런히 오가는 익숙한 손놀림과 조금은 시대에 뒤처진 분위기가 느껴지는 수수한 뒷모습.

'머, 멋있다…….'

도톤보리에서 혼자 복어 지리를 먹는다는 것은 단순히 복어 지리를 혼자서 먹는다는 것이 아니다. 나는 금방 알아챘다. 이것은 오랜 세월을 두고 숙달될 필요가 있다. 짙은 정감이 물씬 풍기는 오사카만의 맛이다. 처음 온 사람이 바로 흉내 낼 수 있는 것이 아니다. 남몰래 혼자서 먹는 복어 지리에 동경과 두려움이 심해지는 것이었다.

그건 그렇고 오랜만에 찾아온 겨울의 도톤보리다. 저녁 7시가 지난 2가의 상점가에는 이치큿파(イチキュッパ, 198, 일본에서 가격을 결정하는 방법 중 하나로 198엔, 1,980엔을 말하는 의미로 사용된다—옮긴이)의 복어 요리 전문점, 활복어 요리 전문점은 물론, 스낵(간단한 식사), 담뱃가게, 오코노미야키 집, 호텔, 찻집…… 네온 빛에 거리의 냄새가 어수선하게 뒤섞여 있는 그 한가운데에 '요타로'가 있다.

문을 열고 한 걸음 들어서자 바로 시간이 더디게 흐르기 시작한다. 역시 이곳만은 아무것도 변하지 않았다. 1980년대로 훌쩍 돌아간다.

"어서 오세요. 혼자 오셨습니까? 2층으로 가시면 느긋하게 식사를 하실 수 있습니다."

1층의 여종업원(추정 47세)이 풀을 잔뜩 먹인 하얀 덧옷을 입고 있는 모습도 반갑다. 친절하게 안내를 받으며 종종걸음으로 2층으로 올라갔다. 실내에는 4인용 테이블이 죽 늘어서 있고 세 테이블엔 이미 손님이 앉아 있었다. 하얀 김이 자욱하게 피어오르고 있다.

액자로 걸어놓은 차림표의 요리는 달랑 세 개.

복어 지리 5,080엔

회 정식 2,480엔

죽 390엔

고민할 여지도 없다.

"복어 지리 하나 부탁합니다."

어쨌든 혼자 왔으니 회 정식까지는 무리다. 술은 역시 히레자케, 숨 돌릴 틈도 없이 나온 히레자케를 후후 불며 마시면서 몇년 만에 재회의 기쁨을 맛본다.

"잠시만요."

테이블 위에 있는 휴대용 가스레인지에 여종업원(추정 55세)이 알루미늄 냄비를 가져다 놓는다. 황금색으로 빛나는 육수가 잔물결을 일으키며 흔들린다. 작은 접시에는 모미지오로시(もみじおろし, 홍당무라 빨간 고추를 강판에 간 것을 넣은 무즙—옮긴이), 실파, 무즙. 옆에 폰즈(ポン酢, 감귤류의 과즙으로 만든 일본의 조미료—옮긴이)가 들어 있는 찻주전자 그리고 마침내 복어가 등장했다.

포동포동하고 두툼한 복어 살 토막, 야들야들한 껍질, 녹색이 선명한 쑥갓, 큼직큼직하게 썬 배추, 팽이버섯, 두툼한 두부 두 조각, 얇게 썬 죽순 한 조각, 어슷썰기한 가지 한 조각, 꼭대기에 구운 떡 하나, 총 여덟 겹이 접시에 쌓여 작은 산을 이루고 있다.

가스레인지에 불이 켜지고 마침내 홀로 즐기는 복어 지리를 먹게 되었다.

우선 처음에 뼈째 있는 복어를 두 조각 넣고 끓기 시작하면 배추의 굵은 심이 지리를 끓이는 약속된 순서다. 어느 것이나 육수가 맛있게 우러난다. 향기로운 히레자케를 마시며 다시 끓기를 초조하게 기다린다.

바로 뒤에 있는 테이블에서 중년의 커플이 얼굴을 모으고 음식을 먹고 있다.

"그게 말이지 자기만 생각한 거야, 내가 확실히 안 된다고 말했다고."

"음음, 그래서."

"이야기는 지금부터네. 자, 잘 들어봐."

들려오는 대화는 완전히 오사카 만담의 도입부다. 건너편 테이블의 정다워 보이는 커플은 루프타이를 한 할아버지(추정 61세)와 갈색 머리의 여자(추정 25세)다. 잠시 손님 기분에 젖어들려는 것을 앗, 안 돼! 내 일을 게을리 해서는 안 돼, 하고 정신을 차린다.

단숨에 끓어오르는 냄비를 진정시키려고 복어 살과 두부를 더 넣고, 다 익은 것들을 폰즈에 찍어 먹는다. 어쨌든 혼자서 다 하려니 무척 바쁘다. 탱글탱글 힘이 느껴지는 탄력, 포동포동한 식감, 역시 복어는 겨울의 왕다운 품격을 지니고 있었다. 냄비의 기세가 한층 더 오르면 이번엔 배추의 부드러운 잎을 퐁당…

홀로 즐기는 나베에는 특별한 즐거움이 있다. 그것은 모든 것을 내 마음대로 할 수 있다는 재미다. 익히는 정도, 냄비에 넣는 순서, 꺼내는 타이밍, 먹고 싶은 양, 전부 마음이 가는 대로 누굴 신경 쓸 필요도 없고, 자기가 자기만 보살피면서 오로지 자신의 만족만을 추구한다. 그러고 보니 지극히 이기적인 음식이다.

혼자서 복어 지리를 먹으러 오는 손님 중엔 입맛이 까다로운 분이 많다고 냄비를 가져다 준 여종업원이 말했다.

"당연하죠, 다들 자기만의 방식이 있으니까요. 이 손님이 오면 육수는 많이, 저 손님에겐 도중에 육수를 추가하지 않고, 참견하는 것을 싫어하는 손님에겐 쓸데없이 참견하지 말 것 등 여러모로 참 다양하죠."

혼자서 복어 지리를 먹으러 오는 손님은 취향이 확실하다. 자기 시간을 철저하게 활용하여 음식을 맛보는 사치스러움을 아는 것이다. "오, 고기에 맛이 배었어."라며 젓가락을 천천히 가져가거나, "이쯤에서 다르게 한 번."이라며 껍질을 재빨리 탕 속에 넣거나, 또 배추를 푹 익혀보거나, 폰즈의 모미지오로시(178p 참고)를 늘려서 맵게 해보는 등 세밀하게 바꿀 수 있는 방법이 얼마든지 있다. 미묘한 변화로 맛이 달라지는 것을 알고 있기 때문에 손을 멈추지 않는다. 아니, 멈춰버리면 모처럼 혼자서 먹으러 온 보람이 없어져버린다.

가스레인지의 불을 조절하면서 눈앞의 냄비에 집중하고 있었더니 산처럼 쌓여 있던 복어와 채소가 순식간에 사라졌다. 시곗바늘은 8시를 지나고 있다. 두 잔째 따라준 히레자케도 깊은 향과 함께 몸속으로 퍼지며 발끝까지 따뜻하다. 어느새 냄비 속도 잔잔하게 진정되고, 이제 슬슬 죽이 나올 때다.

"14번 손님, 죽 하나, 절임 하나요."

시원한 목소리로 아까 그 여종업원이 주문한다.

"자, 그럼 시작하겠습니다."

그것은 거의 묘기였다.

냄비에 육수를 조금 추가해서 부글부글 끓인 후 주걱으로 밥을 넣고 고르게 저으며 팔팔 끓인다. 여기서 이 집만의 비법이 나온다. 조미 김을 봉지째 들고 천천히 부수는 것이다. 바스락바스락, 바스락바스락, 김은 마른 소리를 내며 여종업원의 손가락 사이에서 가루가 된다. 그리고 황금색 육수가 밥에 충분히 스며들어서 죽이 되었을 때 달걀을 풀어서 죽 위에 두르고 부드러운 달걀색으로 변한 순간 방금 전에 부순 김 봉지를 찢어서 죽 위에 뿌리면 검은 꽃잎이 냄비 속으로 팔랑팔랑 춤을 추며 떨어진다.

허튼 동작이 없는 일사불란한 흐름 그리고 여종업원은 밥공기에 손을 뻗는다.

밥공기에 담아 내게 건네준 뜨거운 죽, 그 맛에 난 할 말을 잃었다. 복어에서 진하게 우러나온 육수를 극한까지 빨아들인 밥 한 알, 한 알을 수북하게 퍼서 입 속에 넣는다. 밥, 육수, 달걀, 김, 모든 것이 경계를 없애고 끈적끈적 엉겨 붙어서 하나가 되어 뱃속으로 들어간다.

너무나도 훌륭한 마무리다. '요타로' 극장의 진수를 만끽한 나는 흥분을 주체할 수 없었다. 멍하니 먼 곳을 바라보고 있었더니 여종업원이 지나가다가 여유로운 목소리로 묻는다.

"괜찮으시면 뜨거운 차도 있습니다만."

1층 여종업원(추정 61세)의 전송을 받으며 밖으로 나와 부른 배를 안고 걷기 시작하는데 온몸이 후끈후끈하다. 도톤보리의 밤바람이 달아오른 볼에 닿는 선뜩한 느낌이 좋다.

한겨울의 밤하늘을 올려다보자 두둥실 밝은 달이 떠 있다.

곡사이 도리(國際通り)를 똑바로 걸어가 아사쿠사 2가를 지나가면 롯쿠(六区) 공원의 입구가 나온다. 모퉁이의 스키야키(すき焼き, 전골) 전문점을 왼쪽으로 돌아 들어가면 그곳에 하얀색의 큰 포렴이 바람에 흔들리고 있다. 그리고 그 포렴에는 붓 자국도 선명하게 세 글자가 당당하게 쓰여 있다.

"도제우(どぜう, 미꾸라지)"

1902년에 창업한 시니세 '이이다야(飯田屋)'는 미꾸라지 전문 요리점이다.

미꾸라지는 서민의 맛이다. 얼큰한 육수로 끓인 미꾸라지 나베는 중독되는 맛이다. 미꾸라지는 초여름이 제철이지만 통술을 곁들여서 맛보는 한겨울의 보양식도 별미다. 천천히 몸과 마음으로 스며드는 건강한 기운 그것을 여자 혼자서 뻔질나게 찾아다니는 것은 이 지역에서 나고 자란 스물아홉 살의 야마다(山田) 짱(본명)이다.

야마다 짱은 가끔 함께 나베를 먹거나 술잔을 기울이는 친구다. 아버지 쪽은 아사쿠사, 어머니 쪽은 시부야(渋谷), 야마다 짱은 이웃마을인 야나기바시(柳橋) 출신으로 산자마츠리(三社祭, 5월의 세 번째 일요일을 마지막 날로 해서 나흘 동안 행해지는 아사쿠사 신사의 축제—옮긴이)가 다가오면 갑자기 피가 끓는 천진난만한 아가씨다. 가족이 다 같이 오는 '이이다야'와는 친척 사이이다. 스모(相撲, 일본 씨름—옮긴이)를 보고 난 후 '이이다야'에서 한 잔 쭉 들이키는 것도 야마다 가문의 오래된 습관이다.

"영양이 풍부하고 값도 저렴해서 미꾸라지를 엄청 좋아해요. 벌건 대낮부터 맥주를 마시고 싶을 때면 혼자 훌쩍 오기도 하죠. 메밀국수 집보다 문지방이 낮으니까요."

거리낌 없이 하는 말이 버릴 게 없다.

미꾸라지 나베는 메밀국수보다 훨씬 마음이 편하다.

다년간의 경험에서 우러나온 명대사가 아닌가. 듣자하니 할아버지도 미꾸라지 나베를 매우 좋아하시며 엄청 까다롭다고 한다.

"나는 내 나베를 따로 먹을 테니까 너희들은 손대지 말거라."

혼자 따로 나베를 드시는 것을 좋아하셨다. 그러고 보니 아사쿠사의 다른 시니세 미꾸라지 요리점의 사장님도 말한 바 있다.

"옛날 남자들은 말이죠, 나베의 불 조절을 기가 막히게 잘하셨죠."

귀찮아하면 맛있는 음식을 먹을 수 없다. 서민 남자들에게

아사쿠사_이이다야

겨울을 아쉬워하며
나 홀로 나베

나베를 다루는 솜씨는 중요하다.

그런 남자들에게 둘러싸여 자란 야마다 쨩이 미꾸라지를 먹는 방법은 특별할 건 없어도 병맥주와 '도카라'(야마다 쨩은 미꾸라지(도제우)와 우엉의 카라아게(95p 참고)를 이렇게 부른다). 그다음에 우자쿠(장어 초회)로 입가심하면 만반의 준비가 된 상태에서 미꾸라지 나베를 먹는 것이다. 물론 미꾸라지를 통째 넣고 끓이는 '마루나베(丸鍋)'를 제일 좋아한다. 냄비 속은 부드럽게 미리 익혀둔 미꾸라지, 어슷썰기한 우엉, 잘게 썬 파가 들어 있다. 미꾸라지를 먹는다기보다 오히려 간이 밴 파나 우엉을 먹는 것이 목표다. 자기 페이스로 천천히 나베를 먹으면서 맥주에서 월계관 통술로 바꿔서 한잔.

"실은 좀 더 유연하게 대처하고 싶은데 아직 그 경지에는 도달하지 못해서."

그렇다 해도 묘령의 미녀가 혼자 오면 주위 사람들은 그냥 놔두지 않는다. 그러나 야마다 쨩은 어렸을 때부터 짓궂은 아저씨들의 대화에 단련되어왔다.

"반응이 늦으면 어린애 취급을 받아요. 농담이나 말장난 같은 걸 알아듣지 못하고 머뭇거리면 '아직도 순진한 어린애군.'이라며……."

"대낮부터 맥주라, 좋군."이라는 말을 들으면 야마다 쨩은 바로 대답한다.

"다 덕분입니다!"

"그래, 실컷 마시고 먹어!"

놀림을 당해도 신경 쓰지 않는다.

"미꾸라지로 원기를 돋우고 어디 가려고?"

"그건 비밀이에요."

그 자리에서 단호하게 대답한다. 혼자 올 때는 틈을 보이지 않는 것이 그녀의 신조다.

아사쿠사에서 사랑을 받아온 '이이다야'의 4대째 사장 이이다 류세이(飯田龍生) 씨는 1951년생.

"평소에는 혼자서 아무 것도 하지 않을 것 같은 사람이 우리 가게에 오면 나베만은 이렇게, 참 나(웃음). 혼자서만 즐기고 싶다, 잠깐이나마 폼을 잡고 싶다, 미꾸라지는 그런 것을 선뜻 할 수 있는 나베입니다."

서민적인 먹거리이기 때문에 정해진 것은 없지만 세련되게 먹는 방법은 있다.

"우선 너무 오랫동안 붙잡고 있지 않는 것입니다. 냄비를 올려둔 채 놔두지 말고, 불을 붙이면 한 잔 하면서 바로 먹는 겁니다. 초밥도 마찬가지라고 생각합니다만 나오면 잽싸게. 옛날부터 잘 아는 분은 미꾸라지 탕(미꾸라지·우엉·무 따위를 넣고 끓인 된장국)과 밥만 출출하다고 바로 드시고, 잘 먹었습니다라고 하시더군요."

이이다 씨도 쉬는 날에는 혼자서 훌쩍 나가 술을 마시거나 음식을 먹는 것을 좋아한다고 한다.

"혼술이나 혼밥은 남자든 여자든 보기에도 분위기가 있어서 좋은 것 같아요. 어제도 젊은 분이 혼자서 생맥주를 마시러 오셨습니다. 그런데 고마운 것은 '혼잔데 괜찮은가요?'라고 물어봐주었을 때죠. 그 말에 저도 '네, 괜찮고말고요, 천천히 놀다 가세요.'라고 대답해드렸죠. 대화를 나누고, 마음도 나눌 수 있는 그 분위기가 참 좋았습니다. 어쨌든 우리 아사쿠사 사람들은 이 거리가 아주 좋습니다."

"죄송합니다. 이야기가 길어져버렸네요." 그렇게 말하고 딱 끊는 깔끔한 모습. 혼자일 때는 이렇게 깔끔하게 하고 싶다.

그런데 우리 야마다 짱의 나베 마무리가 또 할아버지에게 물려받아서 그런지 남성스럽다. 깨끗이 먹어치운 냄비에 다시 새로 육수를 붓고 파를 넣은 다음 잘게 썬 파만 추가해서 보글보글 끓이다가 파가 흐물흐물 부드러워졌을 때 젓가락으로 조금씩 집어 먹는다.

"파만 끓여서 할아버지는 '가난뱅이 파'라고 불렀어요. 사실 가게엔 미안한 일이지만 혼자 먹을 때는 이것을 마무리로 천천히 먹어요."

첫 혼술은 대학생 때, '야마노우에 호텔(山の上ホテル)'의 바에서 마신 마르가리타가 야마다 짱이 기념할 만한 첫 술이다. 그 후 10년, 미꾸라지 나베를 먹으며 술을 마시는 데도 한층 단련되었다. 서민적인 방법으로 나베 한 그릇을 뚝딱 해치우고 가볍게 어디 가서 한 잔 더…

매화꽃이 만개할 시기가 다가오고 있다. 봄의 발소리가 들리기 시작하자 덩달아 마음도 들떴지만, 아직 방심하기엔 이르다. 날이 저물면 모락모락 피어오르는 하얀 김이 여전히 그리워진다.

그런 이유로 오늘 찾아들어간 곳은 도쿄 나카노의 '**다이니치 카라슈조(第二力酒藏)**'이다. 벽면 가득한 메뉴의 수도, 맛도, 편안함도 어느 것 하나 빼놓지 않고 주오 선(中央線)에선 최고를 자랑하는 술집으로 변함없는 인기를 자랑한다. 혼자 먹는 나베도 나쁘지 않다.

문을 드르륵 열자 이제 여섯 시 반이 조금 지났을 뿐인데도 넓은 실내는 안쪽 자리까지 거의 차 있었다. 운 좋게 V자 모양의 카운터 자리가 비어 있었다. 신이 나서 의자에 앉아 부랴부랴 삶은 두부와 데운 술을 주문하고, 옆에 있는 텔레비전을 올려다보았다.

"오늘, 드디어 사립대학의 입학시험이 절정에 달했습니다."

NHK 뉴스에서 전하는 소식이다. 그런가, 벌써 그럴 때가 됐나. 이리 폰즈, 굴튀김, 은행, 누타(ぬた, 잘게 썬 생선·조개·야채를 초된장에 무친 음식), 멍게와 해삼 내장 무침, 화살오징어 데침.. 쑥갓나물, 해삼 초절임, 자라 수프, 자라 우마니(うま煮, 단맛과 짠맛이 골고루 나도록 고기, 생선, 채소류를 조린 것-옮긴이)...... 메뉴판이 한겨울의 정취를 물씬 풍기고 있다. 이 집의 명물인 홍살치 조림을 한가롭게 먹고 있는데 맞은편의 샐러리맨(추정 46세) 아저씨 앞에 때마

나카노_다이니치카라슈조

침 나베가 나왔다.

대구 지리, 굴 나베, 모둠 나베, 복어 나베, 아귀 나베…… 뭘까? 고개를 조금 빼서 보니 분명히 저건 아귀 나베다. 아귀 간이며 된장소스가 냄비 속에서 엉겨 붙어 있다. 넥타이를 뒤로 휙 넘기고 만반의 태세를 갖춘다.

오늘 밤은 카운터 열 자리 중 세 자리가 남자 1인 손님이다. 술 데우는 담당인 여종업원(추정 33세)이 이쪽에선 거품을 국자로 거둬내고 저쪽에선 익은 배추를 작은 접시에 나눠 담으며 시계추처럼 왔다 갔다 하면서 부지런히 시중을 들고 있다. 마무리 음식인 조스이(雜炊, 채소나 어패류 등을 잘게 썰어 넣고 된장이나 간장으로 간을 하여 끓인 죽-옮긴이)를 만들어서 밥공기에 담고 있는 여종업원의 모습이 마치 자모관음(慈母觀音)처럼 보인다.

주오 선의 선술집에서 혼자 먹는 나베는 도톤보리와도, 아사쿠사와도 다르다. 마음 내키는 대로 나베를 먹어도 마지막엔 역시 응석받이가 되고 싶은 기분을 느낀다. 아저씨들은 혼자 방치해두면 쓸쓸해진다. 따뜻한 말로 위로를 받고 얼큰하게 취한 남자의 마음이 하얀 김 속에 아련하게 녹아 있다.

혼자 먹는 복어 지리에 대한 이야기를 듣고 비난하는 듯한 시선을 보낸 남자가 있었다.

"너무 치사한 거 아닙니까? 자기 혼자만."

그렇게 질책하는 것은 익히 아시는 Y군이다. 원망은 듣고 싶

지 않았다. 그럼, 데리고 가줄게, 하고 안내한 곳은 다름 아닌 도톤보리의 '요타로(175p 참고)'이다. 나는 하리하리 나베(はりはり鍋, 고래 고기와 미즈나(みずな, 겨잣과에 속하는 채소의 한 품종. 일본 특산이다)로 만든 나베—옮긴이)라도 먹으며 기다리고 있을 테니까 혼자 다녀오라고 등을 떠밀며 보냈다.

그러고 한 시간 반 후, '요타로'에서 나온 Y군은 흥분이 가시지 않은 표정이다.

"우와, 기가 막히게 맛있네요. 아주머니가 '배추심부터 넣으면 육수가 우러난다'든가 '복어는 뼈가 있는 것부터 넣으면 좋다'든가 '육수가 진해지고 나서 조금 더 추가하는 게 좋다'며 카운터 너머에서 친절하게 이것저것 가르쳐주었어요."

다행이다. 한눈에 초심자라는 것을 간파하고 여종업원(추정 45세)이 친절함을 베푼 모양이다.

"손님은 교토에서 오셨나요, 아니면 도쿄?"

"아, 도쿄입니다."

"도쿄에선 복어가 비싸죠?"

"네, 굉장히 비싸요. 도저히 엄두를 내지 못하죠."

"도쿄의 1만 엔짜리 복어와 교토의 1만 엔짜리 복어도 완전히 다르니까요."

그 말에 Y군은 바로 "복어를 추가할 수 없을까요?"라고 했다. 하지만 그럴 수 없었다.

"살만은 안 돼요. 살과 채소는 세트예요. 그리고 손해예요.

채소는 서비스니까."

지리 나베를 주문하면 가지고 오는 큰 접시에 수북이 담긴 배추, 쑥갓, 팽이버섯이 전부 '서비스'란 말인가. 오사카식 손익 계산에 찍소리도 못한다.

복어의 뼈까지 다 핥아 먹고 살면서 처음 느껴보는 감동의 나베에 흠뻑 취한 Y군이 결정타를 맞은 것은 마무리로 나오는 '죽'이었다고 한다.

"어이가 없더군요. 김을 봉지째 갑자기 바스락바스락 문지르기 시작해서 깜짝 놀랐어요. 그런데 그 김 가루를 뿌리자 밥과 하나가 되어……."

그는 참지 못하고 신음을 토하며 여종업원에게 속삭였다고 한다.

"맛있어요. 정말로 맛있어……. 복어의 육수만으로 이런 맛이 나는 겁니까?"

"네, 그건 비법으로 전해 내려온 육수예요."

도톤보리의 밤은 하염없이 깊다. 이렇게 Y군은 냄비에서 '죽'을 네 공기나 덜어내며 한 톨도 남기지 않고 정신없이 먹어치웠다.

한편 그때 나는 시마노우치(島之內) '니시타마미즈(西玉水)'에서 하리하리 나베(192p 참고)를 먹고 있었다.

아삭아삭한 미즈나(192p 참고)와 보리고래의 꼬리 살을 데친 그 맛은 오사카가 아니고는 느낄 수 없는 겨울의 맛이다. 뜨끈

도라노우치_니시타마미즈

뜨끈한 고래 고기를 한 입 깨물자 고래 고기의 진한 맛이 잇몸 전체에 퍼진다. 추위를 이겨내고 씩씩하게 자란 미즈나의 식감도 억세다. 생강즙의 알싸함이 얼얼하게 맛을 잡아주고, 다 먹었을 때는 뼛속까지 찌르르 온기가 퍼져 있었다.

"이야아, 잘 먹고 왔습니다."

Y군은 행복한 표정이다.

"혼자 먹는 복어 나베가 이렇게 맛있으리라곤 상상도 못했습니다."

다음엔 아사쿠사에서 통미꾸라지 나베에 도전하겠다고 씩

씩거린다.

    잠깐의 여유를 즐긴다. 처음부터 끝까지 누구의 간섭도 받지 않고 오롯이 혼자 즐긴다. 이것이 혼자 먹는 나베의 재미이다.

곰고기를 먹으러 간다

 하얀 눈이 밤의 어둠을 비추고 있다. 저녁 무렵부터 진눈깨비에서 바뀐 눈이 그칠 줄 모르고 펄펄 내리고 있다. 옆집 지붕을 보니 이미 온통 하얀 눈으로 덮여 있었다. 올 겨울, 도심에서는 처음으로 펼쳐지는 풍경을 바라보면서 문득 생각했다.
 '지금쯤 산골짜기에 있는 곰은 편안하게 겨울잠을 자고 있을까? 멧돼지는? 사슴은?'
 먹고 싶었다. 비계를 잘라내고 씹으면 천천히 미각이 마비되는 듯한 진한 맛. 몸 한 가운데에 짜릿함을 일으키는 특별한 맛. 소와도, 돼지와도, 양과도 다른, 그 야생의 맛을 알게 된 후로 추위가 심해지면 곰이랑 멧돼지, 사슴이 먹고 싶어져 자꾸 생각난다.

10년쯤 전에 이가(伊賀, 미에 현 북부에 위치)의 산속에서 배 터지게 먹고 싶었던 짐승 고기, 그때부터 빠졌다. 그 지역에 사는 친구가 데리고 가준 곳은 베테랑 사냥꾼이 산에 들어가 살며 자기가 직접 잡은 고기를 요리해주는 비밀스러운 음식점이었다. 인적이 없는 숲길을 가다가 불쑥 나타난 간소한 조립식 오두막의 미닫이문을 열자 장작난로가 타고 있었다. 안으로 들어가 술을 마시고 있는데 먼저 사슴 육사시미가 나왔다. 이것도 같은 사냥꾼이 잡았다고 한다. 담백하면서 고상한 감칠맛이 나는 살코기 그 맛에 놀라고 있는데 드디어 멧돼지가 나왔다.

그야말로 모란꽃(일본에서는 멧돼지고기를 모란꽃이라 부르기도 한다—옮긴이)이다. 활짝 피어 있는 붉고 흰 꽃잎의 아름다운 자태에 숨을 삼킨다. 젓가락으로 한 점 집어 올리자 모란꽃은 모양을 잃고 아름답게 빛나며 나에게 달려왔다. 냄비를 둘러싼 사람들은 모두 압도된 채 말도 없이 그저 젓가락만 부지런히 움직일 뿐이다. 나는 그 멧돼지 나베의 맛에 기절할 것 같았다.

간절히 원하면 통한다. 재작년 겨울엔 기슈(紀州)의 산속에서 갑자기 사슴고기를 맞이했다. 지인이 이른 아침에 산길을 달리고 있는데 길을 잃은 사슴이 차에 치어 죽었다. 그는 오랜 산생활의 지혜를 발휘하여 혼자 사슴을 해체해서 내게 소포로 생고기를 보내주었던 것이다. 바로 안심을 잘라서 구워 먹었는데 그것도 뭐라 말할 수 없는 맛이었다. 올리브 오일과 소금으로만 구우면 흠뻑 젖은 인화지 같은 식감, 조금씩 배어나오는 달콤함, 다른 고기에서는 한 번도 느낄 수 없었던 맛에 새삼 감탄했다.

올해 겨울의 한복판. 드디어 곰이다. 시가(滋賀) 현의 산골짜기로 곰을 먹으러 가겠다고 결심했다.

"곰이요?"

"곰이요."

"곰돌이 푸의 그 곰이요?"

"응, 그 곰."

"먹을 수 있어요?"

"물론 먹을 수 있어요. 그뿐만 아니라······."

"맛있습니까?"

"맛있어. 아주 맛있어."

Y군의 목소리가 수화기 너머에서 뚝 끊겼다. 당연한 반응이다. 갑작스럽게 눈앞에 곰이 툭 튀어나왔으니 깜짝 놀라는 것도 무리는 아니다. 나는 전에 아이즈(会津, 후쿠시마 현 서부)의 산속에서 곰고기가 들어간 된장국과 스튜를 먹은 적이 있었다. 씹는 맛이 좋고, 바짝 오그라든 비계도 달콤한 맛이 일품이었다. 그러나 고작 서너 점만으로는 곰고기와 친해졌다고 할 수 없었다. 다시 말해서 성에 차지 않았다. 언젠가 원 없이 실컷 먹고, 곰고기의 맛의 본질에 다가가보고 싶었다.

목적지는 이미 정해져 있었다. 교토와 와카사(若狹)를 잇는 시가 현 히라(比良)의 숙소 겸 음식점 '**히라 산장(比良山莊)**'에서 곰고기 나베인 '츠키나베月鍋'가 나온다는 사실을 알았던 것이다. 1959년 창업해서 이 고장에서 3대째 이어오고 있는 '히라 산장'에는 사실 재작년 여름에도 와본 적이 있다. 그때는 아도 강(安曇川)에서 잡은 은어를 먹으려고 왔었다. 팔딱팔딱 뛰어오르는 자연산 은어를 소금구이로 노릇노릇하게 구운 도톰한 살의 예상을 훨씬 웃도는 훌륭한 맛에 그 자리에서 열 마리나 먹어치웠다. 그리고 돌아오는 길에 같이 갔던 사토 아키코(佐藤晶子) 씨가 중얼거린 말을 나는 놓치지 않았다.

"곰이, 빨리 곰이 먹고 싶어."

사토 씨는 '츠키나베'라고 이름이 지어진 '히라 산장'의 곰고기 나베가 얼마나 맛있는지 한참을 황홀한 표정으로 이야기하며 나의 부러움을 샀다. 그리고 1년 반이 지나서 마침내 기회가 찾아왔다. '츠키나베'의 겨울이 도래한 것이다.

그런데 그것이 다가 아니었다. 아니, 요행이 따랐다.

그날 아침 나는 하네다(羽田)에서 고마츠(小松) 공항으로 가는 탑승구에 있었다. 휴대전화를 꺼두려고 꺼내는 순간 삐삐삐 하고 착신음이 울었다. '히라 산장'의 사장인 이토 다케지(伊藤剛治) 씨였다. 이토 씨는 흥분된 목소리로 말했다.

"아까 사냥꾼한테 연락을 받았는데, 올 겨울 첫 곰 사냥에 성공했답니다. 모레 목요일에 해체한다고 하는데 오시겠습니까?"

이토 씨의 목소리가 들떠 있었다. 졸음이 싹 달아났다.

"가야죠, 신칸센 첫 차로 달려가겠습니다."

'츠키나베'를 먹으러 가겠다고 예약했을 때 만약 곰이 잡히면 꼭 연락을 달라고 말해두었다. 산의 생명을 감사히 먹으려면 모든 과정을 자기 눈으로 확인해두어야 한다. 전에 몽골 초원에서 묵었던 게르(Ger, 몽골의 천막 주거-옮긴이)의 할아버지가 양을 도살하는 모든 과정을 본 적이 있다. 능숙한 손놀림으로 해체되어가는 한 마리의 양, 그 모습에는 자연 속에서 사는 동물과 인간의 이상적인 모습이 집약되어 있었다. 자연 속에서 살아가는 엄숙함, 한 생명을 다루는 엄숙함, 인간이 먹는 것의 본질에 닿았고 그리고 그 후 나는 양을 먹었다. 그냥 냄비에서 끓이기만 한 뼈 있는 고기를 나이프로 잘라 먹으면서 초원에서 함께 사는 양을 죽여서 자신의 양식으로 삼는 유목민의 생활에 다가가 보려고 그 맛을 미각에 새겨 넣으며 먹었다.

산에 사는 곰에서도 또다시 같은 것을 느낄 수 있다면. 여간해서는 이루어지지 않는다는 것을 알지만, 진심으로 곰을 만나고 싶다고 간절히 원했던 것이다.

그리고 소원은 이루어졌다.

혹독한 추위에 발이 얼어붙고, 매서운 겨울 바람이 뺨을 엔다. 예년 같으면 눈에 파묻혀서 온통 하얀색으로 물드는 시기이건만, 어찌 된 일인지 올해는 1월이 지나도 눈이 쌓일 기미가 없다. 이곳 히라는 옛날 교토와 와카사를 잇는 사바카이도(鯖街道)의 연변에 자리 잡은 조용한 산변(山邊) 마을이다. 히라 산계(山系)는 히에이잔(比叡山)과 연결되어 있다. 교토와 시가의 현 경계가 복잡하게 뒤얽혀 있는 산길을 '히라 산장'의 사장인 이토 씨의 차를 타고 곰을 보기 위해 안으로, 안으로 들어갔다.

베테랑 사냥꾼인 마츠바라 이사오(松原勳) 씨의 집은 원시림으로 둘러싸인 산속에 있었다. 올해로 67세, 마츠바라 씨는 40년 이상 깊은 산을 돌아다니며 동물을 사냥한 프로 사냥꾼이다. 활동 영역은 시가의 가츠라가와(葛川), 구츠키(朽木) 전역부터 교토의 하나세(花背), 구라마(鞍馬)에 이르는 광범위한 지역으로, 자타가 공히 인정하는 실력자다. 이번에 사냥한 것은 동면에 들어가기 직전의 암컷 반달가슴곰이었다. 교토, 오사카, 효고에서는 사냥이 금지되어 있지만 시가에서는 곰 사냥이 허가되고 있다.

인사도 하는 둥 마는 둥 하고 작업장에 들어가자 트럭 짐칸에 깔아놓은 시트 위에 검은색으로 번들거리는 커다란 체구의 곰이 벌렁 드러누워 있었다.

"몸무게가 60킬로그램은 될 겁니다. 이번 겨울에 처음 잡은 곰이죠."

산에 들어가서 우연히 발견하고 이때다 싶어서 엽총으로 쏴 죽였다고 한다. 즉각 배를 가르고 내장을 꺼내 강물로 씻은 다음 이틀간 다리에 매달아 피를 다 빼냈다.

"그럼, 시작해볼까요."

칼을 거꾸로 쥔 마츠바라 씨의 표정이 순식간에 굳어지며 집중했다.

마츠바라 씨는 방금 간 칼의 예리한 칼끝을 미리 일직선으로 갈라놓은 배의 뻣뻣하고 억센 검정색 털 아래로 찔러 넣었다. 그리고 옆으로 쓱쓱 밀면서 왼손으로 가죽을 잡고 몸 앞으로 말자 가죽이 떨어지며 새하얀 비계가 드러났다. 온몸에 긴장이 넘쳐흐르는 마츠바라 씨는 칼을 능수능란하게 다루면서 가죽을 벗겨냈다. 그렇게 먼저 가죽을 다 벗겨낸 후 네 개로 잘라서 지육(枝肉, 도살한 후 머리, 발, 내장을 제거한 고기―옮긴이)으로 만드는 것이 늘 하는 방식이다. 배부터 시작해서 뒷다리, 이어서 앞다리, 그 다음이 어깨, 머리순이다. 먼저 벌렁 누워 있는 우반신의 가죽을 정확한 칼질로 벗겨내면 반달가슴곰은 조금씩 두꺼운 옷을 벗는다.

이 두툼한 비계는 뭐란 말인가. 가죽과 살 사이에 비계가 꽉 차 있고, 온몸이 새하얗다. 무심코 체지방률의 숫자가 걱정된다.

"검은 옷을 벗으니 하얀 옷."

Y군이 중얼거린다. 이토 씨가 킥 웃으며 장단을 맞춘다.

"이게 맛있어요. 비계의 맛이야말로 곰의 참다운 맛입니다. 그런데 참 대단하네요. 우리가 했으면 손이 미끄러워서 도저히

사냥꾼의 집에서

이렇게 빨리 할 수 없었을 텐데요."

가죽에 상처를 입히지 않고, 버려지는 비계가 없도록 칼끝을 미묘하게 움직이면서 착착 잘라낸다.

"그야 뭐 당연한 일이죠. 벌써 40년이나 사냥꾼으로 살았으니까."

인근의 사냥꾼 동료들로부터 인정받는 사냥꾼인 마츠바라 씨는 많은 경험을 가지고 있는 귀중한 존재이기도 하다. 해체를 끝내려면 한나절 이상이 꼬박 걸린다. 마츠바라 씨는 잠시 손을 멈추고 다시 기합을 넣듯이 수건으로 머리를 단단히 동여매고 단숨에 이야기하기 시작했다.

덫은 재미가 없어. 덫에 빠지기를 기다리는 것은 따분하기 짝이 없는 일이지. 우린 기다리지 않고 공격하는 사냥꾼이니까. 움직이지 않는 것을 움직이게 하고, 경쟁심으로 목숨을 건 게임, 그게 참 재미있단 말이야. 사냥 시즌이 시작되는 11월 15일이 다가오면 젊었을 때는 일주일쯤 잠을 이루지 못했지. 음, 지금도 흥분돼.

엽총은 레이저 광선으로 조준하는 라이플, 총알이 소리와 같은 속도로 날아가기 때문에 탕 소리가 나면 맞은 거지. 죽일 생각으로 급소를 노렸건만 그 자리에서 죽지 않으면 당황하기도 하지만 한 발로 쏴서 죽였을 때는 "그래, 역시 총이야."(웃음).

조준점은 대동맥이나 미간이지. 곰은 정면을 향하면 커다랗지만, 옆으로 고개를 돌리면 그리 커 보이지 않아. 거리는 20미터 이내, 동작은 민첩하게... 멧돼지는 파형(波形)으로 움직이지만 곰은 고양이처럼 수평으로 쓱하고 움직여. 곰은 정말 고양이 같아. 칠엽수 구멍도 자기 머리가 들어가는 크기라면 온몸이 들어가니까. 개와 싸울 때는 발톱을 사용하는데 발톱으로 등을 쾅하고 얻어맞으면 잠시도 버티지 못해. 미는 힘보다 잡아당기는 힘이 세서 감싸 안고 조르면 개의 두개골은 부서져 버리지.

인간을 보면 바로 도망쳐. 나무 위로도 훌쩍 뛰어오르기 때문에 우린 놈이 보지 못하도록 뒤로 돌아가 옆에서 공격하지. 그때 노리는 것은 귀에서 바로 앞이야. 놈들에게 산은 자기 집 마당이야. 총의 금속음 같은 것이 울려 퍼지면 잽싸게 도망치고, 눈과 눈이 마주치면 득달같이 덤벼들지. 3, 40미터 떨어진 곳에서 단숨에 코앞까지 왔을 때는 당황해서 총을 쏴 명중시켰지만, 그때 총알이 발사되지 않았으면 당했을 거야. 총알이 발사되지 않는 경우가 가끔 있네.

그래, 무섭긴 하지. 하지만 이렇게 하면 이 정도라고 내 안에 축적되어 있는 수백 가지의 데이터가 되살아난다네. 산은 전부 걸어서 다녀야 하니까 높은 산등성이를 넘으면 다음은 이 길, 이쪽 폭포, 이 골짜기, 저 산등성이에는 이런 나무가 있었다, 내 몸이 기억하고 있어.

곰고기를 먹으러 간다

아버지도 역시 포수였네. 1945년쯤이었나, 아버지가 총을 청소하는 것을 거들곤 했지. 초등학교 2, 3학년 때부터는 공기총을 들고 놀러 다녔고 겨울이 되면 참새나 어치 따위가 집 근처로 날아오는데, 친구들은 썰매를 타고 놀자고 해도 나는 공기총을 쏴서 그것들을 잡곤 했지. 성냥갑이나 눈덩이를 30미터쯤 앞에 놓고 맞히곤 했네. 그래, 실력이 점점 늘더군.

처음에 곰을 쏴서 죽인 것은 스물다섯 살 때였네. 자고 있는 놈을 총으로 탕... 30~40대 때는 사냥개를 모으는 일이 골치를 썩였네. 개가 해주느냐 그렇지 못하느냐가 전혀 다르니까.

곰을 사냥하지 않는 개는 곰의 생고기를 먹지 못해. 사슴이나 멧돼지는 먹어도 자기보다 먹이사슬의 위에 있는 동물은 잘 먹지 못하지. 그래도 곰을 상대하는 개는 곰고기를 먹어. 개에겐 각각의 특징이 있어서 곰을 두려워하지 않는 것은 십여 마리 중에서 고작 두세 마리밖에 안 돼. 곰 냄새는 독특해서 화났을 때는 비릿한 짐승 냄새가 후텁지근하게 나는데, 아이누(アイヌ, 동아시아의 옛날 종족으로 전에는 일본의 홋카이도北海道나 사할린, 쿠릴 열도에 거주하였으나 현재는 주로 홋카이도에 거주함—옮긴이)의 피가 섞여 있는 것은 곰을 향해 달려간다네.

그런 개를 만들기 위해 직접 찾아서 교배시켜 혈통을 만드는 거지. 그러기 위해서는 먼저 나를 이해시켜야 해. 사냥꾼은 다 자기만의 버릇이 있네. 한잔 마시며 이런저런 이야기를 나누고 나서야 비로소 "자네가 한다면 어쩔 수 없지, 넘겨주겠

네."라고 말이야. 하지만 예닐곱 마리를 낳아도 아무런 쓸모가 없는 경우도 있고, 결국 자기만의 지식을 터득해서 사용하지 않으면 몰라. 이것만은 전적으로 운이야. 지금은 견사에서 열두 마리 정도 키우고 있네. 개는 하나의 가족을 이루는 성질이 있기 때문에 두세 마리가 공격하면 다들 따라서 공격해. 그래도 투쟁심을 드러내며 곰을 향해 돌진하는 것은 성격이 거친 놈뿐이야. 다른 놈들은 주위를 에워싸고 짖기만 할 뿐 절대로 나서지 않지.

개 이야기를 할 때면 아쉬움이 많아. 정성을 다해 키운 개가 산속에서 죽임을 당했을 때는 눈물이 주르르 떨어진다네. 자기가 입고 있는 야케(Jacke, 후드가 달린 방풍·방수·방한용 웃옷. 등산, 스키, 낚시 등을 할 때 착용한다—옮긴이)나 점퍼로 싸서 들고 오는데 축 늘어져서 무겁지만 절대로 어떤 일이 있어도 가지고 와서 묻어주어야 해. 이제까지 수십 마리나 묻어주었어.

지금까지 잡은 곰 중에서 제일 큰 놈의 몸무게가 200킬로그램은 더 나갔지 아마. 백발백중, 빗맞힌 적이 없었어. 그래도 쓸개를 뚫어버린 적은 있네. 저녁 무렵이라 어둑어둑해서 제대로 확인도 못하고 곰이라는 생각에 연달아 세 발을 쐈지. 쓸개즙을 조금 핥았더니 쓰더군. 곰쓸개는 금하고 같은 가격으로 팔 수 있으니까 절대로 맞춰서는 안 돼. 과음했을 때, 배가 아플 때는 조금 잘라서 먹으면 금방 나아. 잡으면 제일 처음에 쓸개부터 꺼내서 바짝 말린다네.

온난화 탓인지 옛날에 비해 산이 너무 많이 바뀌었어. 일본에서 만국박람회가 열렸을 때(1970년 3월 15일부터 9월 13일까지)는 미야마(美山)에서 센리(千里)까지 산을 온통 파헤쳐 가며 대공사를 했지. 그때 짐승들이 이동하는 루트가 바뀌었네. 길은 정비되어서 넓어졌고, 산길이 새로 났지. 심어놓은 모종은 사슴이 먹어치웠어. 생태계가 완전히 달라진 거야. 사슴이 급증하는 바람에 멧돼지의 이동 루트도 바뀌었네. 히라 산계의 골짜기에서도 눈밭을 헤집고 들어가야 겨우 사슴이나 멧돼지를 발견하곤 했는데, 점점 사람들이 사는 마을로 내려온다고나 할까, 지금은 굳이 산속을 헤매지 않아도 쉽게 볼 수 있게 되었네. 곰도 마찬가지로 전보다 수월하게 찾을 수 있게 되었지.

꼬르륵, 배꼽시계가 울었다. '히라 산장'으로 돌아와 2층 방에서 밤이 되기를 기다리고 있는데, 밖에서 차가 멈추는 소리가 들렸다. 왁자지껄 사람들이 내리는 소란스러운 기척이 나고, 현관 앞이 환해졌다. 일부러 곰고기를 먹으러 산장으로 찾아온 손님들이었다. 나도 갑자기 마음이 설렜다. 낮에 베테랑 사냥꾼의 현란한 칼 놀림을 직접 보고 곰에 대한 감사함, 친근감이 싹트고 있었다. 히라의 산속 원시림에서 나고 자란 동물은 자연이 내려준 선물이다. 곰이 자란 그 땅에서 곰고기를 먹게 된 기쁨과 흥분이 솟아오르기 시작하는 것이었다.

밤 7시, 아래층으로 내려가 방으로 들어가니 식탁이 마련되어 있었다. Y군은 '츠키나베'를 먹는다는 기대감에 부풀어 있었고, 카메라맨인 E양도 앞섶을 풀고 들어온다.

"드디어 먹게 되었군요."

"저는 곰을 먹는 것이 태어나서 처음이에요. 곰을 먹는다는 것조차 몰랐어요."

두 사람 다 그렇게 생각해서 그런지 긴장한 표정이다. 멧돼지보다, 사슴보다, 곰에 좀 더 두근거리는 것은 무엇 때문일까. 불룩하니 검고 커다란 몸에 숲의 정령이 깃들어 있기 때문일까. 흥분된 마음을 달래듯 첫 번째 요리가 나왔다.

유자술
은어 식해
잉어 이리찜

'히라 산장'만의 막이 올랐다. 아도 강에서 잡은 은어를 반년 동안 염장하고 봄에 본 절임을 해서 오랫동안 묵힌 식해는 유산균이 풍부하고, 그 맛은 시원하면서 새콤달콤하다. 원래 비와 호(琵琶湖) 주변에는 붕어를 식해로 만드는 문화가 있다. 정통 제법에 따라 은어를 식해로 만든 '히라 산장'의 명물을 혀에 올리자 끈적끈적하고 순하다. 술이 술술 들어간다. 걸쭉하고 뜨끈한 잉어 이리찜도 목구멍을 타고 내려가면서 위장을 따뜻하게 데워주어 속이 금방 편안해진다.
이어서 나온 또 한 접시, 싱싱한 윤기가 흐른다.

회 잉어 냉회
사슴 고기 육사시미
곤들매기 회

세 가지 조합의 절묘함에 감탄한다. 꼬들꼬들한 식감이 있는 잉어, 맑은 강물을 연상시키는 보들보들한 곤들매기, 촉촉한 풍미가 일품인 사슴의 넓적다리 살 모두가 연합하여 히라산으로 유혹하며 여운을 남겼다.

구이 혼모로코(本もろこ, 일본에 사는 고유종. 비와 호에서 주로 서식한다─옮긴이) 숯불구이

옅은 갈색의 혼모로코 구이도 구수한 살을 한 점 집어 입 속에 넣으면 포동포동하고 따뜻한 살, 바싹 구워서 야들야들해진 가시가 살살 녹는다. 일부러 찾아오지 않으면 맛볼 수 없는 비와 호의 선물이다.
그때 문이 열리며 빨간 숯이 담긴 화로가 들어와 식탁의 한 가운데에 놓였다.
"오오, 저것은."

"마침내 나오네요."

드디어 '츠키나베'의 등장이다. 히라의 곰을 만나는 순간이 찾아온 것이다. 실내에 걸린 글귀가 눈에 들어온다.

"곰이 주워 먹게 도토리를 남겨두어라."

이바라키 카즈오(茨木和生, _{나라현 출신의 시인})의 하이쿠(俳句, _{일본 고유의 짧은 시}—_{읊긴이}) 구절이다. 화로에 올린 냄비에서 모락모락 김이 피어오르기 시작했다. 방 안 공기에 온기가 퍼지며 한층 더 아늑해진다. 여주인인 유키코(有紀子) 씨가 먼저 채소가 가득 담긴 큰 접시를 가지고 왔다.

"쑥갓, 파, 산두릅, 미나리. 이게 다 '츠키나베'에 맞춰서 골라온 거예요. 파는 니시카모(西加茂)에서 재배한 것으로, 생산자가 직접 분류해서 보내주죠."

어느 것이나 주변의 김을 없애는 싱싱함에 눈이 씻긴다.

"고기는 조금 있다가 남편이 가지고 올 거예요. 곰은 역시 곰 사냥꾼에게 맡기는 것이 좋으니까요."

하하하, 웃음을 터뜨리고 꿀꺽 데운 술을 마시며 곰 사냥꾼이 등장하기를 기다렸다.

"오래 기다리셨습니다."

열린 방문 너머에서 곰돌이 푸가 빙그레 미소를 짓고 있다. 안경 너머의 눈빛이 자애롭다. 손에는 묵직하고 커다란 사기 접시가 들려 있다.

"우와."

시가_히라 산장

모두의 시선이 접시에 고정되었다.

모란꽃이라기보다 눈이 덮인 동백나무. 겹쳐 있는 하얀 꽃잎의 안쪽에서 빨간색이 고개를 내밀고, 하얀색과 선명한 대비를 이루며 한 폭의 그림을 보듯 아름답다. 이렇게 정성스럽게, 근사하게 그릇에 담긴다면 반달가슴곰도 만족할 것이다.

"그럼, 요리를 만들어 드리겠습니다."

푹 끓은 냄비 속으로 동백꽃잎이 팔랑팔랑 나부끼며 떨어지는 것을 지켜보고 있다가 젓가락으로 바로 꺼내 주인이 직접 밥공기에 나누어 담아준다.

"익기 시작하는 순간 바로 드셔보세요."

쭈글쭈글 주름 장식처럼 오그라든 고기를 한 입 크게 넣었다.

진하고 깊은 감칠맛이 난다. 그런데도 개운하고 정갈하다. 비계인데 무거운 맛은 어디에서도 찾아볼 수 없다. 특유의 냄새도 없다. 육수의 담백한 맛이 고기를 더욱 달콤하게 만들어주고, 비계와 살코기가 한데 어우러져서 서로의 맛을 더욱 배가시켜준다. 멧돼지 고기에서 느끼는 거칠고 가식적인 맛도 없다. 담대하지 않다. 천박하거나 야만적이지도 않다. 오히려 가련하다. 그리고 동시에 산을 감싸 안는 듯한 대범함. 씹는 맛이 너무 좋아서 삼키기가 아깝다. 내 미각은 완전히 감동에 젖어 있었다.

"곰에 대한 이미지가 완전히 달라졌어요."

감동을 누를 길이 없다는 듯 Y군이 중얼거렸다.

"고기를 씹고 있으면 맛이 점점 더 좋아져요. 맛있다는 말밖에는 표현할 방법이 없네요."

주뼛주뼛 젓가락을 내민 E양도 눈을 반짝이며 상기되어 있었다.

"무슨 맛인지 상상이 안 가서 솔직히 무서웠어요. 그런데 이렇게 우아한 맛일 줄이야."

이토 씨가 싱글벙글 웃는다.

"곰 가죽을 입은 사냥꾼 아저씨가 이로리(囲炉裏, 농가 등에서 마룻바닥을 사각형으로 도려 파고 방한용·취사용으로 불을 피우는 장치—옮긴이)에서 기다리고 있는 무서운 이미지를 상상하고 오신 거 아닙니까?"

"네, 맞아요."

'츠키나베'의 세련된 맛은 이토 씨의 시행착오가 이뤄낸 성과다. 돌아가신 아버지에게 물려받은 식당에서 히라에서만 맛볼 수 있는 요리를 대접하여 손님들을 행복하게 해주고 싶다는 일념이 지금과 같은 '츠키나베'의 맛을 만들어낸 것이다. 곰고기는 마츠바라 씨를 비롯해 인근의 사냥꾼들이 잡은 것이다. 그런데 이상하게도 호객하려는 마음은 조금도 없었다.

"곰고기의 맛은 그 어떤 것에도 지지 않는다는 자부심이 있었습니다. 나 자신도 곰고기를 너무 좋아해서 죽을 때 무엇을 먹고 싶냐고 묻는다면 주저 없이 곰고기라고 대답할 것입니다."

곰도, 이토 씨 자신도 히라에서 나고 자랐다. 사방이 온통 눈으로 뒤덮인 겨울의 혹독한 추위, 이제나저제나 목을 빼고 기다리다 눈이 녹는 봄을 맞이하는 기쁨, 같은 풍토에서 자라며 같은 기쁨을 나누어온 것이다. 그런 연유로 탄생한 '츠키나베'는 먹는 사람의 가슴에 그대로 닿는다. 다른 땅, 다른 식당, 다른 주인은 결코 만들어낼 수 없는 맛.

'히라 산장'에는 그날 밤 다른 손님들도 세 일행이 더 있었다. 모두 '츠키나베'를 먹겠다는 일념으로 먼 길을 마다 않고 찾아온 사람들이다. 방마다 새어나오는 행복한 웃음소리가 나에겐 '츠키나베'의 매력에 빠진 증거로 들렸다.

젓가락이 멈추지 않는다. 아무리 먹어도 쑥쑥 가뿐하게 뱃속으로 들어간다. 낮에 사냥꾼인 마츠바라 씨가 한 말이 떠올랐다.

"곰은 겨울에 여름보다 세 배 정도 더 살이 찝니다. 어쨌든 삼 개월은 먹지도 마시지도 않고 자야 하기 때문에 체력을 비축해놓아야 하죠. 곰이 제일 좋아하는 것은 도토리, 봄부터 여름 후반까지는 산딸기, 삼나무나 졸참나무의 수액도 먹습니다."

곰은 산의 심부름꾼, 숲의 종자(從者)이다. 필시 그것이 곰고기에서 가련함과 대범한 포용력을 느끼는 이유일 것이다. 새하얗고 윤기가 흐르는 비계는 다시 말해서 도토리나 나무 열매의 지방분인 것이다.

곁들여져 나오는 채소도 흥을 돋아준다. 쑥갓의 짙은 향과 쌉쌀함, 미나리의 상큼함, 산두릅의 향기 그리고 건강해지는 맛의 도치모치(栃餠, 칠엽수 씨를 섞어 빻아서 만든 떡—옮긴이). Y군의 눈이 풀려 있다.

"온몸에 따뜻한 기운이 쭉 퍼지며 이대로 겨울잠을 자고 싶어지네요."

E양은 여유 만만이다.

"저는 아직도 더 먹을 수 있어요."

필시 곰은 이런 식으로 배불리 먹은 후 동면에 들어갈 것이다. '츠키나베'의 마무리로는 쫄깃한 식감의 그 지방 우동을 후루룩후루룩 먹고, 그 후 잉어 된장국과 밥, 절임 반찬으로 '츠키나베' 잔치는 막을 내렸다.

날이 밝자 스산한 '히라산장'에는 따뜻한 겨울 햇볕이 눈부시게 쏟아져 내리고 있었다. 산 저편은 아침 안개에 싸여 있다. 저 산속에서 곰은 몸을 둥글게 말고 조용히 겨울잠에 빠져 있을 것이다. 어젯밤 이토 씨는 '츠키나베'라는 이름의 유래를 이렇게 말해주었다.

"곰고기는 '눈'이 내리기 시작하고 '꽃'이 필 때까지만 먹습니다. 그러니까 '설월화(雪月花, 눈과 달과 꽃이라는 뜻으로 사철의 좋은 경치를 말함—옮긴이)'에서 한 글자를 따와 '츠키나베月鍋'라고 지은 것입니다."

어제, 곰이 내 몸 속으로 들어왔고, 히라의 분위기도 함께 들어왔다. 하나의 생명을 먹는다는 행위는 인간에게 있어서 자연에서 구원을 받는 방법, 감사를 표시하는 방법, 자연으로 다가가는 방법 중 하나다. 그렇게 실감한 하루였다.

돌아오는 길에 하나오리토게(花折峠)를 넘어 사바카이도에서 교토로 나와 생각이 나서 기타노(北野) 텐만구(天満宮)에 들렀다. 겨울과 봄 사이, 납매(음력 섣달에 꽃이 피는 매화)가 일찌감치 피어서 향기를 사방으로 내뿜고 있었다.

기타노 텐만구

안녕, 추억의 대중식당 '주라쿠다이' 聚樂臺

"어이, 노보루 여기야, 여기."

반백의 머리와 나비수염의 아저씨 다섯 명이 일제히 고개를 돌리고 손을 들자 노보루 씨가 숨을 헐떡이며 자리로 다가왔다.

"늦어서 미안. 유시마텐진(湯島天神, 입시철 합격을 기원하는 학생들이 많이 찾는 신사)에 들렀다 오느라. 뭐야, 벌써 시작했나?"

"방금 전에 우리 먼저 시켰어. 어이 이모, 여기 생맥주 한 잔 더 추가."

"안주도 시켜야지."

"그렇군. 그럼 이모, 굴튀김 하나."

"저기, 지난달로 끝났습니다."

"그럼, 멘치카츠 하나!"

"저, 가능하면 메뉴에 있는 것으로 주문해주세요."

"그래? 그렇다면 나폴리탄 둘! 접시 우동 하나 그리고 탕수육과 튀김 모둠."

"이보게 다 못 먹어. 적당히 시켜야지."

자, 오늘의 두 번째 건배! 왼쪽에 있는 여섯 명의 아저씨들은 초장부터 분위기를 낸다. 오른쪽엔 반 준사부로(伴淳三郎, 1908~1981. 일본의 유명한 코미디언—옮긴이)처럼 생긴 할아버지와 손자 둘. 할아버지는 자루소바(ざる蕎麦, 네모진 어레미나 대발에 담은 메밀국수—옮긴이) 하나, 반바지 차림의 초등학생은 크림소다와 핫케이크이다.

"맛있니?"

"응, 맛있어."

"그래? 다행이구나."

이른 봄날의 토요일 오후 3시 50분. 여기는 우에노(上野)의 '주라쿠다이'이다.

'주라쿠다이'는 1959년에 개점한 이래 우에노의 상징인 사이고 다카모리(西鄕隆盛)의 동상 앞에서 반세기의 역사를 이어왔다. 실내는 창가 테이블 100석과 자시키(55p 참고)에 200석이 있을 정도로 굉장히 넓다. 천장도 높다. 통로에는 외등도 세워져 있다. 연못도 있다. 빨간 난간도 있다. 어딘가 아즈치모모야마(安土桃山) 시대(1573~1603, 무로마치 막부가 멸망한 1573년부터 도쿠가와 정권이 확립될 때까지의 시대—옮긴이)스러운 것은 필시 도요토미 히데요시(豊臣秀吉)의 '주라쿠다이(聚樂第, 히데요시가 교토에 지은 저택—옮긴이)' 풍이기 때문일 것이다. 그런데도 출입구에는 대중목욕탕에서나 봄직한 목제 신발장이 있었다.

그래도 마음은 편안하다. 분위기가 한가롭다. 빨간 카펫이 깔려 있는 자시키는 테이블과 테이블 사이의 거리가 넉넉하다. 손님은 남의 시선을 신경 쓰지 않고 웃으며 떠들 수 있다. 아무런 거리낌 없이 다리를 쭉 뻗고 있는 아주머니 세 분의 테이블 위에는 초밥, 오므라이스, 주카돈(中華丼, 갖은 야채와 해물 또는 고기를 볶아 흰 밥 위에 얹어 먹는 일본식 중화덮밥—옮긴이). 배가 부르면 그대로 누워서 낮잠이라도 잘 것 같은 모습이다. 건너편에는 와이셔츠에 루프타이 차림의 노인을 중심으로 50대의 남녀가 와자지껄 얘기 중이다. 필시 동창회이지 싶다. 부부 동반도, 근처 샐러리맨도, 혼자 온 손님도, 누구나 편안하고 즐거운 모습이다. 대중목욕탕의 오락실처럼 느긋하다. 모두가 이렇게 행복해 보이는 식당은 본 적이 없다.

'주라쿠다이'라는 이름을 처음 안 것은 1980년대 초 대학생 시절이다. 학생식당에서 점심 정식을 먹고 있는데, 기숙사생인 노구치가 말했다.

"내가 태어나서 처음으로 그라탱을 먹어본 게 우에노의 '주라쿠다이'에서야. 대입 시험 때 엄마랑 상경해서 교복 차림으로 먹었는데 정말 감격했지 뭐니. 하기야 뭐, 숙모한테 진즉부터 귀가 닳도록 들어왔으니까."

노구치는 아오모리 출신이다. 듣자하니 처녀 때 집단취직(**集團就職**, 1970년대 일본의 고도 경제 성장기에 지방 농촌의 중학교를 졸업한 젊은이가 일자리가 풍부했던 도쿄나 오사카 같은 대도시로 취업하던 것-옮긴이)으로 도쿄에서 산 적이 있는 숙모한테 양식이든, 초밥이든, 튀김이든, 크림소다든 희한한 것을 마음대로 골라 먹을 수 있는 '주라쿠다이', 그곳이 바로 도심 속의 천국이라고 귀에 딱지가 앉도록 들었다고 한다. 신칸센이 개통하여 도쿄 역이 발착역이 되기 전까지 우에노는 북쪽으로 통하는 관문이었다. 두근거리는 가슴을 안고 상경하는 곳이고, 다양한 생각을 가슴에 담고 떠나는 곳이다. 그렇기 때문에 우에노 역전의 '주라쿠다이'는 특별한 장소다.

"그 이야기를 당시 사귀던 남자친구에게 했더니 그런 촌스러운 데가 맛있을 리 없다며 다음에 레스토랑에서 라자냐를 사주겠다는 거야."

그래도 그 그라탱은 정말 맛있었어. 그렇게 말하며 노구치는 말을 이었다.

"난 말이지, 뭘 먹어도 맛있더라. 나에겐 도쿄를 처음 떠올리게 하는 맛이야."

'주라쿠다이'라는 이름은 그렇게 내 뇌리에 깊이 새겨졌지만, 갈 만한 기회가 좀처럼 오지 않았다. 그리고 그 이름을 다시 들은 것은 수년 전이다.

"'주라쿠다이'의 맥주는 우에노에서 제일 맛있어. 공장 직송이기 때문에 선도도 뛰어나고."

그래? 득달같이 달려가서 벌컥벌컥 마신 생맥주 500cc는 정말 맛있었다. 게다가 흰살 생선이나 가리비 튀김은 바싹 튀겨서 옷이 바삭바삭하다. 햄 샐러드도 추억의 맛, 옆자리의 아주머니가 깨끗이 먹어치운 나폴리탄 스파게티는 피망과 양파와 당근과 소시지가 들어가 있다. 새빨간 정통파에 식욕이 돋았다.

주장하지 않고, 강요하지 않는 맛. 무엇을 먹든 '당연한 맛'. 평범함의 범주를 절대로 벗어나지 않는 점에 오히려 안심하게 된다. 그때 노구치가 말한 '도쿄의 맛'이 바로 이것이다.

다닐수록 좋아졌다. 창문 가득히 펼쳐지는 드넓은 우에노의 하늘, 가끔 선로를 달려가는 전철, 눈 아래에는 차들이 분주히 오가는 교차로, 맥주잔을 기울이면서 느긋하게 바라보고 있으면 세상의 모든 고민이 사라진다.

어느 날 쫑파티를 하려고 다섯 명이 모여 적당한 음식점을 알아보았다. 미슐랭 소동(2007년 프랑스 미슐랭 사의 음식점 평가서 도쿄 판이 나오면서 도쿄의 음식점들에 지나치게 후한 점수를 주어 최고 등급을 받은 음식점마다 예약이 폭주한 소동—옮긴이)으로 번거롭고 해서 해당 음식점들은 피하고, 내가 우에노의 '주라쿠다이'에서 편안하게 먹자고 제안하자 마키 짱이 떨 듯이 기뻐했다.

"우와, 정말 좋다. 저 여기, 초등학생 때 이후로 30년 만이에

우에노_주라쿠다이

요! 우에노 동물원에서 판다를 보고 돌아가는 길에 부모님 손에 이끌려 이 집에 와서 어린이용 런치를 먹었어요. 솔직히 말하면 '다카시마야(高島屋, 일본의 백화점)'의 식당가 쪽이 깃발이든 장난감이든 훨씬 세련됐지만요."

저녁 7시, 부랴부랴 모인 사람들이 신발을 벗어 제각각 신발장에 넣는다. 자시키에서 편안하게 음식을 먹고 있는 손님들 사이를 지나 안쪽에 자리를 잡고 앉았다. 일제히 메뉴판을 펼친 순간 모두가 숨을 삼키는 소리가 났다.

"하야시라이스! 쿠시카츠. 장어 도시락, 게 크림 크로켓! 데카마키(鐵火卷, 다랑어를 넣은 생선 김밥–옮긴이)! 광동면!"

"우와, 이 '스페셜 세트'는 드림팀이네요. 초등학생 때는 없었는데 오므라이스와 새우튀김, 돼지고기 생강구이에 수프까지 해서 2,200엔!"

"햄카츠 발견, 만두 발견!"

"난 무조건 라멘과 미니 카레 세트 그리고 덴키브란(電氣ブラン, 일본 최초의 칵테일–옮긴이)."

평균 연령 48세의 어엿한 어른들이 신이 나서 흥분해 있다. 카레라이스도 있고 튀김과 그라탱도 있다며 점점 혼란 상태에 빠져서 전혀 정리가 되지 않는다. 그것을 열심히 정리정돈해서 주문을 했다.

햄카츠, 쿠시카츠, 히야시토마토, 히야얏코(冷や奴, 찬 생두부에 간장과 양념을 곁들인 음식–옮긴이), 가지콩, 소시지 모둠, 새우 마카로니

그라탱, 하야시 오므라이스, 나폴리탄 스파게티, 튀김 모둠, 우선 첫 잔은 생맥주 500cc.

"꿈을 꾸는 것 같아."

테이블을 뒤덮은 광경은 이 한 마디로 모든 것이 설명되었다.

'주라쿠다이'를 처음 체험하는 니시 씨(51세)의 눈에 눈물이 글썽이고 있다.

"어렸을 때 꾸던 꿈이 마침내 실현되었네. 백화점의 식당가에서 이것저것 먹고 싶은데 참으라며 야단맞고, 그건 정말 지옥 같은 고통이었어."

우에노에서 식사를 하는 것은 피로연에 불려간 '세이요켄

오므라이스 햄버그스테이크 945엔

(靜養軒, 일본의 대표적인 경양식집)' 이후 17년 만이라는 도모미 씨(48세)도 호흡이 거칠다.

"난 왠지 흥분한 것 같아."

자자, 진정하시고 우선 건배! 빨리 분위기를 가라앉히고 편안하게 즐기고 싶어서 몸을 앞으로 기울여 잔을 부딪쳤다. 과연 우에노에서 제일 맛있는 맥주다. 오므라이스와 그라탱도 뭔가 정답 같은 맛이다. 저마다 이야기를 주고받고 있는데 메뉴판을 보던 니시 씨가 느닷없이 엉뚱한 소리를 한다.

"뭐지, 이 '사이고 덮밥'이란 건!?"

아아, 그건 말이지. 내가 빙그레 웃으며 몸을 앞으로 내밀

사이고 덮밥(된장국 · 배추절임 포함) 924엔

었다.

이건 '주라쿠다이'의 심혈을 기울인 덮밥이다. 밥 위에 돼지고기 조림, 사츠마아게(さつま揚げ, 생선살을 갈아서 당근·우엉 등을 섞어 기름에 튀긴 음식-옮긴이), 고구마튀김, 닭고기 소보로(そぼろ, 생선이나 고기를 삶아서 으깨어 양념해놓은 것-옮긴이), 명란젓, 시금치, 한가운데에 온천달걀. '사이고 덮밥'인 만큼 '사츠마(薩摩, 가고시마 현 서반부의 반도)'산의 총집결이다. 이른바 엄청난 양에 대한 도전이다.

"그 도전을 받아들이지."

선언하는 니시 씨를 아무도 말리지 않아서 '사이고 덮밥' 하나 추가.

(크다. 정체불명에 박력이 넘친다.)

양에 압도되어 어이없게도 '주라쿠다이'에 완패했다. 아아, 괴로워, 배가 터질 것 같아. 배를 문지르면서도 디저트로 바나나보트(바나나 모양의 빵으로 안에 바나나가 들어가 있다-옮긴이)와 삼색 아이스크림을 주문해서 사이좋게 나누어 먹었다. 그렇게 먹고 마시며 쓴 돈이 한 사람당 5,830엔. 밤은 천천히 깊어져갔다.

'주라쿠다이'에 가면 뭐든지 있다. 양식도, 중화요리도, 일식도, 초밥도, 어린이용 런치도, 사케도, 맥주도 모두 마련되어 있다. 이것이야말로 대중식당의 표본이다. 아무 때나 오면 싸고 맛있는 밥을 언제든 배불리 먹을 수 있다. 정식도, 카레도, 돈카츠도, 덮밥도 뭐든지 있다. 대중식당은 마을의 보석, 서민의 친구이다.

일본에 처음 대중식당이 생긴 것은 간토 대지진 후인 1924년, 간다 스다초(須田町)의 '스다초 식당'이다. 식당을 연 사람은 니가타(新潟) 출신의 사업가 가토 세이지로(加藤淸二郎) 씨이다. 당시엔 그림의 떡이었던 고가의 양식을 '간이양식'이라는 이름으로 출시하여 금방 큰 인기를 모았다. 광고 문구는 '맛있다, 빠르다, 싸다'. 이 '스다초 식당'이 바로 '주라쿠다이'의 시초다.

아이디어맨인 초대 사장이 스다초를 눈여겨본 것은 당시 근처에 청과물 시장이 있어서 사람들의 왕래가 많았기 때문이다. 그의 의도는 멋지게 적중했을 뿐만 아니라 '스다초 식당'에서 양식을 먹는 것이 도쿄의 명물이 되었다. 여세를 몰아 체인점을 내기 시작했고, 순조롭게 성장한 회사의 이름을 '주라쿠'로 정한 것이 1934년. 신주쿠에 '식당 백화점'을 오픈하면서 공모로 결정했다. 이름은 '모두가 즐겁게 모이는 장소'가 되길 바라는 마음에서 지었다고 한다.

그리고 마침내 현재의 장소인 '우에노 백화점'의 2·3층에 문을 연 것은 1959년이다. 경영난에 빠진 백화점의 두 층 전체를 임대하는 것은 언어도단이라며 사내에서 반대가 심했지만 초대 사장은 밀어붙였다. 그것이 또 적중해서 대성황을 이루었고 '주라쿠다이'는 본격적으로 궤도에 올랐다.

"정말 대단했습니다. 주말엔 문을 열기 전부터 줄이 쭉 늘어서서 순식간에 만석이었죠. 여름방학이나 겨울방학 때는 매일이 주말(웃음)... 아침부터 저녁까지 가족 동반으로 오는 손님이 꽉꽉 찼어요."

쉴 여유도 없었다고 1980년대의 모습을 회상하는 사람은 당시 주방에서 양식을 담당했던 스가와라 지로(菅原治郎) 씨다. 길게 꼬리를 문 줄은 식당 밖까지 이어져서 우에노 공원의 돌계단을 올라가 사이고 동상의 발밑까지 뻗친 적도 있었다. 영화를 보거나 동물원에서 놀거나 미술관이나 박물관에서 전람회를 보고 돌아가는 길에 '주라쿠다이'에 들르면 가족 모두가 싱글벙글 대만족이었다. 아버지는 술 한 잔, 어머니는 오랜만에 양식, 아이는 어린이용 런치. '주라쿠다이'는 행복한 하루의 총 마무리를 확실하게 보장해주었다.

그러나 머지않아 트렌드가 바뀌었다. 음식에 대한 기호가 다양화·세분화하면서 전문점이 늘어났고, 푸드 서비스(라는 새로운 말도 생겼다)의 주류는 '오코노미 대식당(お好み大食堂, 양식·중식·일식 등 취향에 따라 음식을 골라서 먹을 수 있는 식당. 주로 백화점에 있고, 우리나라의 푸드코트와 유사한 개념이다—옮긴이)과 반대의 길을 가게 되었다. 그리고 대중식당은 시대에 뒤처지기 시작했다.

그래도 우에노 '주라쿠다이'는 기염을 토했다. '주라쿠' 레스토랑 영업부 기무라 후미타카(木村文高) 씨는 단호했다.

"우에노에서는 개점 이래 줄곧 압도적인 매출 성장을 기록해왔습니다. 다른 점포의 적자를 커버할 정도로 수익성이 좋습니다. 재미있는 것은 말이죠, '사이타마(埼玉) 현민의 날'같은

각 현의 현민의 날에 특히 매출이 좋습니다. 신칸센의 발착역은 아니지만 그래도 로컬 선의 종착역입니다. 역시 많은 분들이 우에노에 오시는 것이죠."

'주라쿠다이'에는 축제의 아우라가 깃들어 있다. 아무리 복고풍이라 해도 빨간 난간이며 연못, 신발장은 촌스럽기 그지없건만 이상하게도 안으로 들어서면 조금 기분이 들뜬다. 어른이 아이로 돌아가는 장소인 것이다.

"'양식을 골고루 대접해드리는 마음', 이것이 '주라쿠다이'의 전통입니다. 햄버그스테이크에 나폴리탄 스파게티를 붙이거나 카레에 새우튀김을 얹는 식이죠. 집에서 만들려면 꽤 번거로운 일입니다. 게다가 우리 식당에서는 대낮부터 맥주를 마시든 사케를 마시든 전혀 위화감이 없습니다. 이건 개점 때부터 이미 계속되어온 분위기죠."

'주라쿠'는 지점이 여러 군데에 있는데 요리도, 가격도, 서비스도 각 지점별로 독자적인 방침이 있다고 한다. 우에노 '주라쿠다이'의 말로는 다 표현할 수 없는 넓은 포용력과 친밀감은 대중식당이라는 장소에서 지역 사회와 손님이 함께 키워온 것이다. 오래 앉아 있어도 전혀 신경 쓰지 않고, 긴장이 쫙 풀리는 듯한 느긋한 분위기는 다른 곳에서는 맛볼 수 없다. '주라쿠다이'만의 독특한 매력을 알기 때문에 국립박물관에서 돌아오는 길에 맥주잔을 기울이거나 시노바즈노이케(不忍池, 우에노 공원 내의 남서부에 있는 연못—옮긴이)에서 산책을 하는 김에 나폴리탄 스

파게티와 프린산데(プリンサンデー, 컵에 아이스크림·푸딩·과일 등을 넣어 만든 디저트-옮긴이)를 먹는 등 나에게 '주라쿠다이'는 소중히 간직해둔 쉼터나 다름없다.

그런데 그해 겨울이 끝나갈 무렵 소문을 하나 들었다.

"4월 21일, 우에노 '주라쿠다이' 폐점."

아아, 결국 우려하던 일이 현실이 되고 말았다.

생각해보면 이곳은 이미 하나의 기적이었다. 예를 들어 JR 야마테 선을 타고 우에노를 통과할 때 보이는 '우에노 백화점'의 노후한 모습, 무너지기 일보직전에 겨우겨우 버티고 있는 모습에선 애처로움이 느껴진다. 한때 손님들로 북적이던 3층의 비어 홀은 2년쯤 전에 이미 문을 닫고 텅 비어 있다. 결국 마지막 보루가 넘어가고 쓸쓸함이 북받쳐 오른다. 이렇게 또 하나 소중한 장소를 잃어버리는 것인가.

얼마 후 나는 다시 두 번째 충격에 휩싸였다. 엽차를 마시면서 멍하니 아침 방송을 보고 있을 때였다.

"오사카 도톤보리 '쿠이다오레', 7월 8일에 폐점."

오사카의 명물인 그 '쿠이다오레타로(くいだおれ太郎, 쿠이다오레 앞에 서 있는 마스코트—옮긴이)'도 함께 사라진단 말인가.

'쿠이다오레'는 '주라쿠다이'보다 10년 앞선 1949년에 문을 열었다. 당시의 사진을 보면 검은색 기와를 얹은 2층 건물의 정면에 큼지막하게 '맛의 백화점'이라는 현수막이 걸려 있다. 양식·중식·일식 뭐든지 주문할 수 있다. 시원한 맥주도 있다. 대중식당의 시작은 제2차 세계대전에서 패한 후 실의에 빠진 사람들에게 웃음을 되돌려주는 밝은 빛이기도 했다.

그리고 2008년, 동서를 양분하며 대중식당의 대표주자로 군림해온 두 식당이 함께 마지막을 맞는다. 이 무슨 얄궂은 운명이란 말인가. 비가 오나 눈이 오나 바람이 부나 60년 세월을 하루도 빠짐없이 같은 자리를 지키다 마침내 정년을 맞이한 '쿠이다오레타로'에게도 위로의 말을 전하고 싶어서 주저 없이 신칸센에 몸을 실었다.

번화가 도톤보리에 서 있는 '쿠이다오레타로' 앞에는 오늘도 많은 사람들로 북적이고 있었다. 모두 번갈아가며 옆에 서서 기념 촬영을 하느라 정신이 없다. 그런데 문득 깨달은 것이 있다.

'기념사진만 찍고 가게 안으로는 들어가지 않아.'

그대로 돌아가선 안 돼, 타로 짱이 부르고 있잖아! 갑작스럽게 폐점하게 된 이유를 알고 힘이 빠졌다.

'쿠이다오레'는 총 객석 수가 700, 8층 건물이다. 1층의 패밀리 레스토랑으로 들어가 메뉴판을 펴고 우선은 명물 '쿠이다오레 돈카츠 덮밥&미니 우동'(1,280엔)을 주문했다. 일행인 I양은 타코야키(たこ焼き, 반죽에 잘게 썬 문어와 파, 양배추 등을 넣어 동그랗게 구워내 가츠오부시와 소스를 뿌려먹는 일본의 먹거리―옮긴이) 그라탱. 음…… 오믈렛 도리아, 하이카라 우동(はいからうどん, 튀김 부스러기를 얹은 우동―옮긴이), 새우튀김 하야시…… 뭘 고를지 모르겠어라며 고민을 거듭한 끝에 내린 결단이다. '쿠이다오레 돈카츠 덮밥'은 돈카츠 위에 오믈렛을 얹고 거기에 안카케. 타코야키 그라탱은 타코야키와 화이트소스, 즉 소맥분의 더블 공격이다. 생각했던 것과는 다르게 나온 음식에 허탈해하며 I양은 "에이, 이건 아닌데". 식후에 '타코야키 풍 슈아이스' 다섯 개(315엔)를 어루만지다 이쑤시개에 끼웠다.

마침내 진정한 '오사카의 맛'을 만난 것은 다음날 점심때였다. 그 지역의 친구 네 명과 함께 둘러앉은 것은 설탕, 간장, 데웠다 식힌 술만으로 만드는 간사이(関西) 지방의 스키야키다.

쇠고기, 우엉채, 두부, 실곤약, 시메지(しめじ, 송이과에 속하는 버섯-옮긴이), 파…… 전용 냄비를 그릴에 올리고, 여종업원이 익숙한 손놀림으로 요리해준다.

진하게 맛이 밴 쇠고기, 우엉이, 파란 파가 맛있다.

"이렇게 해서 1인분에 3,500엔! 사치스런 기분이야."

"어디로 여행 온 것 같아. 과거로 시간 여행을 온 것 같기도 하고."

낡고 길쭉한 건물 6층의 다다미방에서 태평하게 스키야키를 먹다보니 친구들끼리의 사이가 더욱 돈독해진다. 잠시 현실에서 벗어난 느낌. 묘하게 풀어진다.

"아아, 뭔가 초월한 듯 편안해."

"정말이야. 이런 데가 있었다니. 가까이 살면서도 '쿠이다오레'에는 들어와볼 생각을 한 번도 한 적이 없어."

누군가가 중얼거렸다.

"건물 앞의 '쿠이다오레 인형'이 오히려 손님이 들어오는 걸 막고 있었는지도 몰라."

아쉽게도 너무 늦게 알았다. '쿠이다오레'는 7월이 되면 안녕이니까.

"인건비나 재료비를 조달할 만큼도 손님이 들어오지 않습니다. 손님층도 급속도로 달라졌고요."

'쿠이다오레'의 이사인 가키노키 데루히사(柿木央久) 씨가 탄식한다.

"원인은 여러 가지가 있습니다. 우선 이 미나미 일대에 소극장이 줄어들어서 연극을 보고 돌아가는 길에 들르는 사람이 없어지게 되었습니다."

몇 집 건너에 있는 만담가들의 라이브 소극장 '비원카도자(B1角座)'도 아쉽게 지난 5월에 문을 닫았다.

"게다가 오사카에서는 싼 것을 가장 중요하게 생각합니다. 맛있어도 비싸면 오지 않습니다. 육수도 제대로 내고, 햄버그 스테이크도 다진 고기를 사서 우리 가게에서 직접 반죽해서 굽습니다. 직원이 정성을 다해 만들었지만, 그 점을 인정받지 못했습니다. 손님이 가게에 원하는 것과 차이가 있어서 결국 채산이 맞지 않게 되었습니다. 가족 경영의 한계도 겹쳐서 고심 끝에 내린 결정입니다."

'쿠이다오레'는 기상천외하고 기이한 행동으로 알려진 초대 사장 야마다 로쿠로(山田六郎)가 새로운 마음으로 굳은 결심을 하고 세상에 선보인 대중식당의 선구자이다. 그러나 시대와의 갭은 '쿠이다오레타로'로는 메울 수 없었다. 이제는 끝이다. 도톤보리의 추억이여, 안녕. 작별을 고하며 먹는 스키야키는 전후 어려운 시절을 꿋꿋하게 살아온 오사카 상인의 씩씩한 맛이 났다.

도쿄 우에노, 2008년 4월 21일. 결국 마지막 날이 찾아왔다. 먹먹한 가슴을 안고 '주라쿠다이'를 찾아간 나는 조금 맥이 빠졌다.

평소와 다를 게 없었다. 장사진을 이루며 엄청 혼잡할 것을 각오하고 왔지만 오후 4시 30분이라는 어정쩡한 시간이라 그런지 평소와 똑같다. 오른쪽의 아주머니는 혼자서 새우튀김 정식, 왼쪽의 나와 비슷한 또래로 보이는 부모와 아이는 고모쿠소바(五目そば, 고기, 채소 등 여러 가지를 얹은 메밀국수―옮긴이)와 핫케이크, 나는 오므라이스, 언제나 그렇듯 화기애애한 분위기가 기분을 좋게 한다.

옆자리의 아주머니가 새우튀김에 소스를 뿌리면서 자신의 오른쪽에 앉아 있는 부부에게 말을 걸었다.

"섭섭하네요, 오늘이 마지막이라니. 여기가 없어지면 난 우에노에서 갈 데가 없어요."

옆자리의 아주머니도 젓가락을 멈추고 무심코 고개를 끄덕인다.

"신문을 보고 오늘이 마지막이라고 알았어요. 정말이지 충격이 컸어요. 우리가 결혼하기 전에 시노바즈노이케에서 산책하고 나서 종종 여기서 식사를 했지요. 우리에겐 추억이 담긴 데이트 코스였는데……."

"어머나, 그랬군요."

이야기가 활기를 띤다.

'주라쿠다이'가 폐점하게 된 것은 임대해서 쓰는 '우에노 백화점'의 노후화로 개축하게 되었기 때문이다. 벚꽃이 만개하는 봄이 찾아올 때마다 '주라쿠다이'에 넘쳐나던 화기애애한 분위기를 잊을 수 없다. 모두 우에노로 꽃구경을 와서 고향을 떠올린다. 그것은 마치 이세상의 유토피아와 같다. 왁자지껄 떠들썩한 분위기 속에서 누구나 밝개진 얼굴로 봄의 물결 사이를 떠다니고 있었다. 여기에선 소소한, 그러나 확실한 행복을 실감할 수 있었다.

"없어지는 건 서운하지만 그래도 난 행복했어요. 이 가게에서 여러 가지 맛있는 음식을 먹을 수 있었으니까."

아주머니는 새우튀김 정식을 다 먹고 나서 미소를 지으며 "여기 프린산데 하나요."라고 주문했다.

100년이든, 200년이든

"미나미에 갈까?"

파란 등, 빨간 등이 반짝이는 도톤보리 강의 수면을 바라보니 들뜬 기분으로 설렌다. 대폿집도, 양식도, 시오콘부(塩昆布, 염장 다시마―옮긴이)도, 어묵도, 닭꼬치도 미나미에 가면 전부 있다. 그 한가운데를 도톤보리 강이 흐른다.

북적거리는 미나미에 여유로운 빛을 내뿜는 좁은 강, 그 강의 다리 위에 서서 찰랑이는 물결을 바라보는 것이 좋다. 수면으로 천천히 떠오르는 나니와(123p 참고)의 정취에 이끌려 호젠지요코초(法善寺横丁, 요코초란 작은 골목을 뜻한다―옮긴이)에 들어가고 싶어진다. 호젠지요코초는 센니치마에(千日前) 골목을 들어가면 바로 거기다.

이곳은 어른들의 골목이다. 특히 해질 무렵에 들어서면 확와 닿는다. 골목에 뿌린 물에 젖어서 촉촉이 빛나는 석루(石疊). 미즈카케후도손(水掛不動尊, 부동명왕 불상)의 선향 냄새, 위를 올려다보면 어지럽게 걸려 있는 간판들 너머로 가늘게 잘린 미나미의 하늘, 어쩐지 요염해 보인다. 지금이라도 당장 길모퉁이에서 영화 〈메오토젠자이(夫婦善哉, 부부의 단팥죽)〉(1955년, 도요다 시로豊田四郎 감독 작품)의 두 주인공인 모리시게 히사야(森繁久彌)와 아와시마 지카게(淡島千景)가 튀어나올 것만 같은 기분이 든다.

"날은 저물고 여기가 그 단팥죽이 있는 곳인가."

길가 석비(石碑)에 작가 오다 사쿠노스케(織田作之助, 영화 〈메오토젠자이〉의 원작 소설가. 일본에선 흔히 오다 사쿠로 불리고 있다—옮긴이)의 글귀가 새겨져 있다. 오다 사쿠 씨, 이와시마 지카게, 아니 초코(蝶子, 〈메오토젠자이〉의 여주인공 이름—옮긴이)처럼 손을 흔들며 천진난만하게 말을 걸고 싶어진다. 하지만 오늘은 '**지유켄(自由軒)**'에 가서 카레를 먹을 것이다.

1913년, 오사카 우에시오초(上汐町)의 배달 전문 음식점에서 태어난 오다 사쿠노스케의 대표작이 《메오토젠자이》이다. 서른세 살의 나이로 죽을 때까지 작품을 통해 끊임없이 오사카에 대한 사랑을 묘사해온 오다 사쿠에게 미나미의 요리야말로 가장 좋아하는 맛이었다. 남자 주인공인 고레야스 류키치(維康柳吉)가 기생인 초코를 데리고 가는 곳은 밤에 여는 노

점의 도테야키(ドテ焼, 소힘줄살을 꼬치로 만들어 된장 소스로 졸인 것-옮긴이), 에비스바시스지(戎橋筋) 소고(そごう) 옆의 탕 전문점 '시루이치(しる市)'의 미꾸라지 탕이나 가와쿠지라 탕(皮鯨汁, 고래의 피하지방 부분의 고기를 넣고 끓인 된장국-옮긴이), 도톤보리 아이아우바시(相合橋) 동단에 있는 '이즈모야(出雲屋)'의 장어덮밥, 센니치마에 '다루마야(だるまや)'의 카야쿠고한(かやくご飯, 유부. 당근. 우엉. 표고, 닭다리 살 등을 첨가한 밥-옮긴이)과 가스지루(粕汁, 술지게미를 넣은 된장국-옮긴이), 니혼바시 '타코우메(たこ梅)'의 문어, 호젠지 경내 '쇼벤단고테이(正弁丹吾亭)'의 간토다키(關東煮, 어묵탕)…… 모두가 편안하게 먹을 수 있는 식당들이다.

"처음엔 저(초코)도 하필 이런 곳에 데리고 오냐고 생각했지만, '어때, 맛있지? 이렇게 맛있는 음식은 어딜 가도 먹을 수 없어.'라는 말을 들으면서 먹으니 정말 맛있었어요."

'이즈모야'의 장어덮밥을 함께 서둘러 먹고, 그 후 호젠지의 '하나츠키(花月)'에 들러 하루단지(春団治, 일본의 유명한 만담가 가츠라 하루단지(桂春団治-옮긴이)의 만담을 듣는다. 배가 불러서 웃는 두 사람의 맞잡은 손에서는 땀이 흘러내리고…… 가슴이 두근거릴 정도로 관능적이다(오다 사쿠는 당시 겨우 스물일곱 살의 나이에 어떻게 이처럼 남녀의 미묘한 관계를 탁월하게 묘사했을까). 나도 그들과 마찬가지로 '이즈모야'에서 장어덮밥을 먹거나 '다루마야'에서 카야쿠고한을 먹고 싶어졌지만 아쉽게도 지금은 두 군데 다 없어졌다.

하지만 괜찮다. 센니치마에에 '지유켄'의 명물 날달걀 카레가 있다. '지유켄'은 1910년에 창업하여 지금은 4대째가 지키고 있다. 하루가 멀다 하고 드나든 무뢰파(無賴派, 전후 모럴이나 기성의 문학관에 반발해서 자학적, 퇴폐적인 태도로 작품을 쓴 작가들—옮긴이) 작가는 아니나 다를까 초코에게도 명물 카레를 맛보게 했다.

"지유켄의 카레라이스는 밥을 쓱쓱, 싹싹 비벼서 먹으면 맛있어."

자기 저금통장을 가지고 홧김에 혼자서 카레를 먹으러 왔지만, 류키치의 말을 떠올린 순간 자꾸만 고개를 들던 미움은 온데 간데 사라지고 달콤한 기분에 젖어 사랑하는 남자의 품으로 돌아간 것이다.

다만 '지유켄'의 카레는 약간 짭조름하니 복잡한 맛이다. 하얀 접시 위에 넓게 퍼져 있는 밥은 루 가루를 걸쭉하게 비벼놓아서 짙은 갈색이 난다. 한가운데에는 톡 깨놓은 날달걀... 처음 먹어보면 절대로 잊을 수 없는 강한 임팩트에 그 맛을 떠올리면 금단증상이 생긴다. 옛날과 똑같이 100년을 이어온 카레다. 센니치마에 상점가를 지나며 '지유켄' 건물을 볼 때마다 편안하다. 아직도 갖고 있는 1968년에 출간된 《오사카의 맛》(호이쿠샤保育社 컬러북스)을 펴보면 이렇게 쓰여 있다.

"현재의 센니치 백화점이 라쿠텐치(樂天地)로 번창했으니 이곳으로도 손님이 몰려들 것 같다. 옛날 오사카 사람 중엔 '지유켄'을 그리워하는 사람이 많다. 지금도 붐빈다. 싸고, 영양만

점 그런 식당을 서민들은 잘 알고 있다."

1914년에 완성된 원형 돔 유흥장 '라쿠텐치'는 1920년대 중반부터 '오사카 가부키자'로, 그 후 '센니치 백화점'이 되었지만 화재가 일어나 건물이 다 타고, 훗날 '쁘랭땅 난바', 지금은 '빅카메라'로... 주변은 완전히 바뀌었지만 '지유켄'은 큰 갈색 포렴을 걸고 오늘도 대성황이다. 남녀노소 불문하고 스스럼없이 찾아오는 대중식당이다.

숟가락을 잡으면 늘 달걀을 어떻게 할지 고민한다.
처음부터 달걀을 비벼버릴까.
반쯤 먹고 나서 달걀을 비빌까.

소스 문제도 고민이다. 언제, 어디서, 어느 정도 넣을까. 먹는 방법에 따라 맛이 천차만별이라 잠시도 방심할 수 없는 카레. 나는 '처음에 달걀을 비빈다+반쯤 먹는다+도중에 소스를 뿌리면 맛이 두 배' 파다. 그런데 한소리 들었다.

"식기 전에 서둘러 드시지 않으면 안 돼요. 시간이 지나면 맛이 달라집니다. 점잔을 빼고 있으면 안 되죠."

2대째의 셋째 딸인 부총지배인 요시다 준코吉田純子 씨가 알려주는 방법은 이렇다.

"달걀과 카레를 비벼서 코팅하고 나서 거기에 쭉쭉 소스를 뿌립니다. 달걀밥, 어떻게 해서 드시죠? 하얀 밥을 달걀과 섞고 나서 간장을 뿌리지 않나요? 짠맛이 달걀로 완화됩니다. 거기에 채소 샐러드를 먹으면 짠맛이 조절되죠. 그래도 짠 사람에겐 바야리스 오렌지(오렌지 주스의 상품 이름—옮긴이)가 있습니다."

어렸을 때부터 수십 년 동안 일주일에 한두 번은 카레를 먹어온 준코 씨가 '지유켄' 맛의 팬이 된 것이다.

가족이 한결같이 지켜온 맛이다. 외양선 선장을 알게 된 초대 사장이 만드는 법을 듣고 영국 카레 가루를 주문해서 구운 고기와 채소를 닭 육수로 이틀간 끓인 다음 직접 만든 토마토 퓌레와 섞어서 만들었다. 레시피는 창업 당시 그대로다. 카레를 처음부터 비벼놓은 것은 먹기 쉽고 밥이 식지 않도록 하기 위해서다. 당시에는 귀했던 달걀을 넣는 것은 지역 사람들의 건강을 생각해서다. 모두 초대 사장의 아이디어다.

"2대째인 아버님께서는 30년쯤 전에 예순일곱 살의 연세로 돌아가셨는데, 늘 사람이 재산이라고 말씀하셨습니다. 자기 혼자 할 수 있다고 생각하면 안 된다, 종업원과 함께 해야 한다고요. 그래서 저도 매일 아침 아홉 시에는 출근해서 여기서 하루 종일 일합니다. 매일매일 오시는 손님을 소중히 대접하다 보니 그것이 쌓여서 백 년이 되었습니다."

싸고 맛있는 것이 미나미의 상식이다. 하루가 멀다 하고 도태되는 가게가 속출하는 격전지이지만 불황을 모르고 인기를 유지해오는 비결은 '가족 모두 열심히 일하는 것'에 있었다.

"달걀은 신선한 것만 골라서 쓰고 있어요. 거래처에선 저희 가게에 달걀을 공급하는 것이 자랑이라고 합니다. 정말 감사한 일이죠."

그런데 식당 안의 벽에는 오다 사쿠노스케(239p 참고)의 사진이 들어간 액자가 걸려 있다. 그리고 사진의 오른쪽과 왼쪽에 큼지막하게 한 줄씩 글이 쓰여 있다.

"호랑이는 죽어서 가죽을 남긴다.

오다 사쿠는 죽어서 카레라이스를 남긴다."

저건 도대체 누가 만든 걸까?

"저희 아버님이에요. 오다 사쿠가 만들었다고 종종 말씀하시는데, 아니에요."

과연 토박이 오사카 상인답다. 쓸 수 있는 것은 전부 쓴다. 넘어져도 그냥 일어나는 법이 없다.

"오사카 사람은 먹는 것으로 망하고, 교토 사람은 입는 것으로 망한다."는 속담이 있을 정도로 먹거리가 풍부한 오사카는 교토 사람처럼 입는 것으로 망하는 도시이기도 했다. 지금은 가부키나 연극, 인형극 등의 공연장인 가도자(角座), 나카자(中座)를 비롯한 극장이 모두 사라졌지만 과거의 도톤보리는 유명한 연극의 거리였다. 연극을 보러 가는 날이면 음식점 여사장들은 화장을 두껍게 하고 화려한 옷으로 치장한 채 도톤보리 일대를 누비고 다녔다. 그런 과거의 분위기를 그대로 간

직하고 있는 곳이 1844년 창업한 도톤보리 '타코우메(たこ梅)'이다. 연극을 보고 돌아가는 길의 손님은 물론, 연극 관계자도 빈번하게 다니던 어묵 맛집이다. 《메오토젠자이》에 등장하는 니혼바시 '타코우메'의 본점이 여기다.

원래 간토 지방의 어묵은 간장으로 끓이고 간사이 지방의 어묵은 육수로 삶았다. 육수로 삶은 어묵은 간토 대지진 때 간사이 지방에서 전래되었다고도 한다. 어쨌든 '타코우메'는 오사카 어묵의 대표주자다. 내가 처음 이곳에 온 것은 20년쯤 전이었는데 세월의 때가 묻은 'ㄷ'자 모양의 카운터에 앉으며 넋을 잃었다.

보글보글 끓고 있는 냄비 앞에서 긴 젓가락을 쥔 수수한 주인장이 어묵을 종류별로 나누고 있고, 손님은 주석 잔으로 술을 마시고 있다. 나긋나긋한 오사카 사투리가 하얀 김에 섞여서 들려오는 쪽으로 고개를 돌리고 보니 낯이 익은 만담가가 구석자리에서 술을 한 잔 하고 있었다. 사에즈리(さえずり, 고래 혀), 고래 고기, 곤약, 아츠아게, 토란, 달걀, 히로우스(ひろうす, 으깬 두부에 참마 간 것을 섞고, 잘게 썬 우엉, 당근 목이버섯 등을 섞어 기름에 튀긴 것—옮긴이)…… 맛이 잘 밴 어묵을 입에 넣으면 숙련된 나니와의 맛을 혀 위에 올리고 있는 사치스런 기분에 젖어들면서 술도 한층 더 맛있다.

그런데 갑작스레 문을 닫았다. 도톤보리를 지날 때마다 두근거리면서 불이 꺼진 '타코우메'의 앞날에 속을 태웠다. 전에 가이코 다케시(開高健)가 이렇게 썼다. "언제 가도 그곳에 있다. 변하지 않는 것은 귀중하다." 그리고 2007년 마침내 5년 만에 다시 문을 열었다. 샐러리맨에서 전업한 5대째 오카다 데츠오(岡田哲生) 씨가 새롭게 가게를 맡아 옛날 모습 그대로 마침내 '타코우메'의 부활을 이뤄낸 것이다.

'타코우메'로 들어가는 것은 정말로 오랜만이었다. 연극 극장을 잃은 도톤보리 일대의 분위기는 완전히 달라졌지만, 격자문을 드르륵 열자 내 눈앞엔 과거가 펼쳐졌다. 그리움이 솟아올랐다. 카운터의 한쪽 구석에 서 있는 난간 기둥의 반투명한 황색도 은은하게 광택이 흐른다. 술 취한 아저씨가 부둥켜안는 난간 기둥은 도톤보리의 재산이다.

"맥주 주세요. 그리고 문어."

"맥주와 문어. 네, 알겠습니다."

보글보글 끓는 어묵을 바라보면서 우선 맥주부터 한 잔 마셨다. 꼬치에 끼운 문어 찜을 입에 넣자 진한 풍미가 혀에 착 감긴다. 아아, 이 맛이야. 행복에 젖으며 마침내 어묵을 먹는다. 처음엔 물론 사에즈리. 사에즈리는 문어 찜과 어깨를 나란히 하는 '타코우메'의 양대 간판 메뉴다.

"초대 사장님인 우메지로(梅次郎) 씨가 고래 혀를 장난삼아 사에즈리라고 이름을 붙였습니다."

5대째인 데츠오 씨가 말을 잇는다. 지금은 고래 고기를 사기가 많이 힘들어졌다. 오사카 만에 고래가 들어오던 시절은 이미 옛날 얘기로 구입가가 비싼 데다 고래 혀는 사전 준비에 특히 손이 많이 간다. 되도록 경비를 줄이려고 자질구레한 일은 직접 하고 있지만, 그래도 겨우 맞춘 가격이 하나에 900엔······ 하지만 먹어보면 납득이 가는 맛이다. 사에즈리에는 다른 음식에는 없는 진하고 오래머무는 맛이 나서 먹고 나면 또 먹고 싶어진다. 연거푸 몇 개를 먹는 사람이 많은 것도 이해가 간다.

"어렸을 때 사에즈리를 먹고 받은 감격은 아직도 잊을 수 없습니다. 우리 집 어묵의 맛과 냄새는 몸이 기억하고 있습니다. 문어도 집에서 요리한 터라 만드는 방법에서부터 맛을 내는 방법까지 유치원 때부터 알고 있습니다. 몸에 스며들어 있는 맛, 기억하고 있는 맛과 냄새를 매일 만든다. 그것은 선대도, 선선대도 마찬가지였다고 생각합니다."

가쓰오부시 육수, 아낌없이 넣은 사에즈리에서 우러난 독특한 육수, 전날부터 계속 우려낸 육수, 모두가 혼연일체가 되어 '타코우메'의 맛이 된다. 무엇보다도 들어가는 수고와 시간이 장난이 아니다. 사에즈리는 사전준비에 일주일, 무는 떫고 쓴맛을 우려내고 미리 익혀 두는 데 이틀, 곤약은 이틀 동안 푹 삶는다.

"가장 어려운 것은 같은 맛으로 유지하는 것입니다. 그래서 한 시간에 한 번 이상은 반드시 맛을 봅니다. 제 자신이 워낙 어묵을 좋아합니다. 맛있다기보다 좋아하기 때문에 맛을 바꾸고 싶지 않다. 그래서 틈만 나면 연구를 하고, 즐긴다. 그게 전부라고 생각합니다."

160여 년이라는 오랜 세월을 5대에 이르는 주인들이 각자 같은 연구를 하면서 좋아하는 간토다키(어묵탕)를 만들어온 것이다. '타코우메'의 사케는 '구로마츠하쿠시카(黑松白鹿)'. 데운 술을 주문하면 특별 주문한 주석 술병과 크고 운두가 높은 술잔이 나온다. 술병이 이중으로 되어 있는 것은 술이 식는 것을 막기 위해서이고, 술잔은 목구멍이 보이지 않게 단숨에 마실 수 있게 하기 위해서다. 모두 개점 초기에 고안했다.

"이런 불황의 시대에도 저는 가격을 내리기보다 가격이 두 배가 되어도 기꺼이 손님들이 드실 수 있는 음식을 어떻게 만들지를 생각합니다. 다 드시고 돌아가는 손님들께 '감사합니다.'라는 말을 듣는 것이 이상적이죠."

끊임없이 연구하는 서비스 정신이야말로 나니와의 독특한 방식이다. 그러고 보니 호젠지요코초 '메오토젠자이'의 젠자이(단팥죽)는 1인분이 굳이 두 그릇으로 나뉘어 나왔다. 자리에 앉아서 후루룩후루룩 소리를 내며 정신없이 단팥죽을 먹는 류키치와 초코. 류키치가 의기양양하게 말했다.

"여, 여, 여기 단팥죽은 왜 두, 두, 두 그릇씩 가지고 오는지 알아, 몰라? 옛날에 어떤 조루리(淨瑠璃, 음곡에 맞추어서 낭창하는 옛이야기—옮긴이)의 스승이란 사람이 연 식당에서는 한 그릇에 가득 담는 것보다 조금씩 두 그릇으로 나누는 쪽이 많이 담긴 것처럼 보여서 맛있게 생각했다는 거야."

초코는 이때다 싶어서 "혼자보다 부부가 더 좋다는 거겠죠." 라고 말했다.

영화의 라스트 신에서 두 사람이 단팥죽을 먹고 밖으로 나오자 호젠지요코초엔 눈이 흩날리고 있었다. 아와시마 지카게는 홀딱 반한 방탕남 모리시마 히사야에게 자신의 숄을 걸쳐주고 어깨에 기대 다정하게 미즈카케후도손(239p 참고)을 지나 멀어져간다. 하루의 피곤함을 활력으로 바꾸며 살아가는 오사카 서민의 모습이다.

오다 사쿠노스케는 미나미의 맛에 오사카 시정(市井)에서 억척스럽게 살아가는 인간의 모습을 겹쳐서 그려냈다. 맛있는 것은 인생의 참맛. 무슨 일이 있어도, 뭐 괜찮겠지? 어떻게든 될 것 같은 기분이 든다. 어려운 말 따위는 하지 않아도 된다. 옛날 나니와의 선한 정서를 잇는 미나미의 맛은 지금도 변함없이 뜨거운 김을 뿜어내고 있다.

지하철역에서 나가자 야스쿠니 도리와 시라야마 도리(白山通り)가 만나는 교차로가 나온다. 여전히 차량의 왕래가 많은 도쿄의 교차로에서 신호가 녹색으로 바뀌기를 기다리고 있는데, 진보초의 하늘이 드넓게 펼쳐져 있다. 오늘은 스즈란 도리(すずらん通り)에 가서 옛날 영화를 볼 것이다. 그 후에는 '사보우루(さぼうる)'에서 가지고 간 문고본을 읽자. 헌책방도 여기저기 돌아다니자. 배가 좀 출출하면 '슈이토포두(スヰートポ

ーヅ'에서 군만두와 맥주 아니면 '요스코사이칸(揚子江菜館)'에서 히야시추카(冷やし中華, 일본식 중화냉면—옮긴이), '교에이도(共栄堂)'나 '에티오피아(エチオピア)'에서 카레를 먹는 것도 괜찮을 테고. 아니, 역시 '런천(ランチョン)'의 뜨거운 육즙이 뚝뚝 떨어지는 멘치카츠…… 사방팔방으로 식욕이 요동친다.

진보초에는 여러 가지 얼굴이 있다. 책의 거리, 영화의 거리, 악기의 거리, 스포츠 용품의 거리, 학생의 거리... 근방에 대학교와 전문학교가 있고, 출판사가 있고, 싸고 맛있는 요리를 먹을 수 있는 음식점이 곳곳에 있다. 처음 헌책방이 모여든 것은 1913년, 대화재로 주변이 다 타버린 자리에 헌책방이 생겨서 성황을 이룬 것이 계기다. 제2차 세계대전 중에는 고서(古書)의 소실은 문화적인 손실이라며 미국이 공습 금지 구역으로 정했다는 이야기에는 수긍이 간다. 터벅터벅 책방 순례를 하다 보니 거대한 지혜의 미로를 방황하고 있는 기분이 들며 피가 끓는다.

그러나 독일 문학자 다카하시 요시타카(高橋義孝) 선생은 기분이 좀 언짢은 모양이다.

"옛날의 간다는 지금의 지요다 구(千代田区)에 완전히 빨려 들어가 있었다. 혹은 어쩌면 지금의 지요다 구에서 비어져 나온 부분도 있을지 모른다. 간다에서 태어난 나 같은 사람은 지요다 구 같은 늘어지는 구명(區名)은 싫다. 도쿄의 구명을 바꿔버린 것은 안타까웠다. 그런 걸 할 필요가 있었을까. 지명이니 인명이라는 것은 쉽게 바꿀 수 있는 것이 아니다."(오쿠노 신타로奧野信太郎 편《도쿄 미각 지도》가와데쇼보신샤河出書房新社, 1958년 간)

맞는 말씀이다. 간다 일대는 옛날 이름으로 부르고 싶은 동네가 많다. 우선은 '진보초', 데굴데굴 굴러가듯이 울리는 가벼운 리듬에 발걸음도 가벼워진다.

좋아하는 동네의 좋아하는 풍경은 아무 생각 없이 보고 있는 것만으로도 마음이 편안해진다. 내가 좋아하는 것 중 하나는 진보초 교차로와 인접한 비어 홀 '**런천**'의 2층 넓은 창문에서 내려다보는 광경이다. 1909년에 창업한 '런천'이라는 이름의 의미는 '점심식사'다. 개점 당시에는 근처에 동종 식당이 없었기 때문에 그냥 양식집으로 불렸지만 그렇게 부르는 것이 불편하다며 단골 학생들이 자기들 멋대로 '런천'이라고 불렀다. 올해로 101세, 간다 진보초의 확고부동한 시니세다. 그 창문에서 바라보는 헌책방 거리의 아름다운 풍경, 날씨가 좋은 날 오후, 창가 자리에 앉아 오가는 사람들을 내려다보면서 꿀꺽꿀꺽 마시는 생맥주의 맛은 말로는 표현할 길이 없다.

생맥주의 짝꿍으로는 대표 메뉴인 멘치카츠나 직접 만드는 로스햄... 맛있는 것이라면 뭐든지 있다. 돈카츠 샌드위치, 오므라이스, 하야시라이스, 새우 마카로니 그라탱, 텅스튜... 비어 홀이라기보다 옛날의 그리운 양식집 풍경이다. 메뉴판을 주의 깊게 살펴보면 생뚱맞은 메뉴가 하나 섞여 있는 것을 알 수 있다. 바로 비프파이이다. 비프스튜를 파이 도우로 싸서 구운 생소한 비프파이는 사실 1965년 한 작가와의 교류를 통해 탄생했다.

그 작가는 매주 수요일 오전 11시 30분, 정확히 문을 여는 시간에 맞춰 나타났다. 고급스러워 보이는 프록코트를 입고 머리에는 모자, 점잖은 신사 복장으로 문을 밀고 들어오면 먼저 코트를 벗어서 걸고, 이어서 손을 깨끗이 씻은 뒤 천천히 지정석으로 간다.

요시다 겐이치(吉田健一)이다. 수요일은 근처에 있는 주오대학(中央大學)에서 강의를 하는 날인데, 그전에 몇 시간은 꼭 '런천'에서 보냈다. 요시다를 담당하는 편집자와의 협의, 원고 교환, 원고료 수수 등 그 자리는 우시고메(牛込)에 있는 자택 응접실 대용이었다. 술 마시는 모습은 호쾌하다. 생맥주를 서너 잔 마신 후 립톤 홍차에 위스키를 콸콸 따라서 몇 잔이나 마신다. 오후 3시까지 주구장창 마시고 떠든다. 강의가 곧 있는데도 식당을 나갈 때쯤엔 곤드레만드레가 되어 있다.

"게거품을 튀겨가며 말씀하시느라 드시지도 않고 술만 계속 마셨죠."

3대째 사장인 스즈키 이치로(鈴木一郎) 씨가 당시를 회상하며 말해주었다.

"어쨌든 말씀하시느라 바빠서 드시지도 못하고, 선생이 주문한 음식만 항상 남았습니다. '뭐 좀 먹을 수 있게 만들어봐.'라고 말씀하셔서 비프스튜를 좋아한다는 걸 알고 궁리 끝에 만든 것이 비프파이입니다."

길이 10여 센티미터, 손으로 잡고 한 입에 먹을 수 있다. 갓 구운 것을 입에 넣고 씹으면 속에서 부드러운 쇠고기와 채소가 걸쭉하게 흘러나오는 사치스러운 맛의 파이이다.

1975년 '런천'에 불이 나서 두 달간 어쩔 수 없이 문을 닫게 되었다. 불난 자리에서는 연일 개축 공사가 진행되었는데, 요시다 겐이치는 공사 중에도 어김없이 매주 수요일 11시 30분이면 식당 앞에 나타났다. 그리고 식당 안의 공사 상황을 확인하고는 만족스러운 표정으로 돌아갔다고 한다.

"선친과 요시다 선생은 마음이 잘 맞았습니다. 나고 자란 환경은 전혀 다르지만 선친께선 다른 손님과 선생을 절대로 구별하지 않았습니다. 특별대우도 하지 않았습니다. 그래도 마음이 아주 잘 맞는 사이였습니다."

1955년 무렵부터 죽을 때까지 약 20년, 남자들끼리의 조용한 교류가 이어졌다. '런천'에 올 때마다 생각한다. 이 식당에는 어딘가 인간미가 흐르고 있다. 그래서 진보초에 오면 '런천'으로 발길을 돌리게 되고, 오늘도 생맥주와 멘치카츠가 먹고 싶어진다.

간다 토박이에게는 간다 토박이만의 특징이 있다. 쩨쩨하지 않다. 일 처리가 시원시원하고, 청결함이 밑천이다. 내가 바

로 간다 토박이다라고 하는 기풍이 전해져서 기분이 좋다. 그런 기풍을 여실히 느낄 수 있는 것이 에도 3대 축제 중 하나인 간다 축제다. 마을 사람들이 모두 하나로 단결하는 축제 날 아침, 간다묘진(神田明神, 도쿄 치요다구에 있는 신사)에서 신행행렬이 출발할 때 배에서 울리는 기야리(木遣り, 큰 목재나 암석을 나를 때 여럿이 가락을 맞추어 부르는 노래-옮긴이) 소리에선 이 마을에 사는 사람들의 긍지가 느껴진다. 약간의 허세도 멋있다. 간다의 거리를 걷다 보면 산뜻한 공기를 느끼고 기분이 좋은 것은 필시 그런 이유 때문일 것이다.

그런데 요시타카 선생은 또 이렇게도 썼다.

"간다는 나에게 있어서 대강 두 가지 부분으로 나뉜다. 하나는 진보초 일대, 다른 하나는 스다초 교차로를 중심으로 한 지역이다."

진보초에서 터벅터벅 걸어서 10분 안쪽이다. 아와지초(淡路町)에서 스다초에 이르는 지역은 에도 시대와 메이지 시대의 맛을 철저하게 지켜오고 있는 간다의 맛이 널려 있다. 이곳은 에누리 없는 먹깨비들의 천국이다.

에도 시대부터 이어져온 곳은 '사사마키케누키스시(笹巻けぬきすし)'(1702년 창업), 아귀 요리 전문점 '이세겐(いせ源)'(1830년 창업), 닭고기 전골 '보탄(ぼたん)'(1897년 창업), '시노다스시(志乃多寿司)'(1902년 창업), 양식 '쇼에이테이(松栄亭)'

(1907년 창업)…… 생각만 해도 군침이 돈다. 이 일대가 기적처럼 공습을 피할 수 있었던 것은 근처에 성당인 니콜라이당이 있기 때문이라는 말도 있지만, 그 진위 여부는 확인할 길이 없다.

간다의 맛은 척하지 않는 점이 좋다. 맛은 조금 진한 편으로 야마노테(山の手)에 비해 전혀 점잔을 빼지 않는 점이 오히려 기분 좋다. 옛날에는 청과물 시장이 있었고, 원단가게, 양복부속, 전기기구 등 도매상도 즐비하여 상인들로 북적였기 때문에 크고 작은 여관이 몇 채나 있었다. 이른바 블루칼라의 거리, 음식 맛도 자존심이 강해봐야 소용이 없었던 것이다.

"음식점도 많았지요. 일부러 밥을 먹으러 오는 곳이라고 '일부러 골목'이라고 불리기도 했어요."

메밀국수 전문점 '**마츠야(まつや)**'의 3대째 사장인 고다카 도시(小高登志) 씨는 1932년 간다에서 태어났다. 그야말로 간다의 산증인으로 도쿄에서 간다가 가장 번성하던 1940~50년대의 모습을 생생히 기억하고 있다.

"간다는 역시 에도 문화의 중심지라고 생각한다오. 이 일대의 사장들은 **요쿄쿠**(謠曲, 노가쿠能楽의 사장詞章에 가락을 붙여서 부름. 또 그 사장─옮긴이)를 비롯해 **고우타**(小唄, 에도 시대에 유행한 속곡의 총칭─옮긴이), **나가우타**(長唄, 에도 시대에 유행한 긴 속요─옮긴이), **가토부시**(河東節, 가면 음악극의 일종─옮긴이)…… 뭐든지 하나쯤은 했으니까요. 야마노테에는 없는 영화관도 많았습니다."

메밀국수 국물의 맛은 '마츠야', '간다야부(神田藪)' 모두 조금 짠 편이다. 메밀국수를 입 속 가득 넣으면 육수와 간장의 풍미가 착 감긴다. 세이로 한 판, 카케소바(かけ蕎麦, 메밀국수를 따뜻하게 끓인 육수에 말아 먹는 것—옮긴이) 한 그릇, 충분히 만족시켜주는 서민적인 맛은 정말로 고맙다.

그때까지 기계로 뽑던 메밀국수를 3대째가 손으로 뽑기 시작한 것은 1963년, 이후 메밀국수도, 육수의 맛도 바뀌지 않았다. 최근에는 조금 단맛으로 기우는 경향이 있지만, 그것과는 별도로 간다에는 간다의 맛이 있다. 이를 계승하는 사람이 1965년생인 4대째 고다카 다카유키(小高孝之) 씨다.

"메밀국수라는 것은 메밀국수와 국물, 각각의 맛이 있습니다. 두 가지 맛의 균형이 중요하죠. 그래서 어느 하나의 맛을 바꿔버리면 다른 한쪽의 맛도 바꿔야 합니다."

완고한 것이 아니다. 발밑을 소홀히 했다간 등을 곧게 펴지 못한다. 따라서 타협할 수 없다. 그러한 의지를 느끼기 때문에 일하다 틈틈이 또는 일을 마치고 하루의 피로를 불기 위해 손님들은 식당으로 들어오는 것이다. 작가인 이케나미 쇼타로(池波正太郎)도 그런 손님들 중 한 명이었다. 간다 일대를 산책하면서 좋아하는 맛을 즐기는 모습은 익숙한 광경이었다. '마츠야'에서는 닭고기 겨자 무침이나 성게알젓 김말이로 한잔, 그 후 메밀국수를 먹었다.

"이케나미 선생님은 항상 조용한 시간에 오셨습니다. 정말로 저희들의 편의를 많이 봐주셨죠. 배려심이 깊은 분이셨어요. 이케나미 선생님이 오시지 않았다면 지금의 저희 식당은 없었을 겁니다."

그 후에 들른 곳이 바로 옆에 있는 간미야(甘味屋, 주로 화과자와 같은 단것을 파는 일본식 디저트 카페-옮긴이)인 '타케무라(竹むら)'였다.

"간다 스다초의 '타케무라'에 들어가면 정말이지 옛날 도쿄의 단팥죽 가게 그대로다. 단팥죽의 맛도, 식당 종업원들의 응대도, 차분하고 침착하다."(《옛날의 맛》신초 문고新潮文庫)

젊었을 때는 여자 손님으로 북적북적한 간미야에 들어가면 주눅이 들었지만 예순이라는 나이를 먹다 보니 여자가 있든 아이가 있든 상관하지 않는다고 쓴 것이 변명 같아서 괜히 웃음이 나온다.

'타케무라'는 1930년에 창업했다. 안미츠(あんみつ, 팥과 흑설탕을 이용하여 만든 디저트-옮긴이), 미츠마메(みつまめ, 삶은 완두콩에 깍둑썰기한 무를 넣고 꿀을 섞은 음식-옮긴이), 시라타마(白玉, 찹쌀가루로 만든 경단-옮긴이). 어느 것이나 옛날 맛을 그대로 전해주는 꾸밈없는 맛이다. 그 중 제일은 참기름 냄새가 고소한 아게만주(揚げまんじゅう, 튀김만두-옮긴이), 가을부터 겨울에는 폭신폭신하고 부드러운 아와젠자이(粟ぜんざい, 조를 찌고 그 위에 팥소를 듬뿍 올린 단팥죽과 비슷한 디저트-옮긴이)이다. 이따금 일행을 따라 남자 손님이 들어오는 것도 '타케무라'가 아니면 볼 수 없는 광경이다. 거래처에 주려는

건지 샐러리맨이 아게만주를 선물로 사가는 모습도 종종 본다.

아무리 옛날 맛이 남아 있는 곳에 가게를 갖고 있어도 시대에 영합하지 않고 자기만의 단맛을 지켜나가는 것은 여간한 일이 아니었을 것이다. 도쿄 도의 역사적 건축물로 선정된 희귀한 3층 목조 건물의 가게 앞에 서자 그 고생이 절절히 느껴진다. 화려한 데라곤 전혀 없다. 그러나 당당하게 서 있는 모습은 예전 모습 그대로다. 격자문을 만져보니 쭉쭉 미끄러지는 촉감이 매일매일 얼마나 정성스럽게 닦았는지 말해준다. 가게 안으로 들어가면 산뜻한 탁자와 의자, 조그마한 돌을 깐 바닥 등 초대 사장인 선친에게 물려받아 성실하게 지켜오고 있는 것이 2대 사장인 호리타 기쿠오(堀田喜久雄) 씨다.

"특별한 일을 해왔다고는 생각하지 않습니다. 전쟁 후 설탕이 통제되던 시절에 아버지께선 분명 고생을 하셨지만, 그래도 그럭저럭 맛을 유지해왔습니다. 제가 물려받은 뒤로 삶은 팥소의 맛은 매일 제가 직접 보고 있습니다. 이 맛이라고 정해놓은 맛을 손님들께 변함없이 대접해드리고 싶은 것이 제 마음입니다."

'타케무라'의 맛에는 일본인이 걸어온 삶의 역정이 고스란히 담겨 있다. 전쟁 전의 건물을 조금씩 수선해가면서 유지해가는 노력에도 고개가 숙여진다. 그런 말을 하자 호리타 씨가 시원하게 말한다.

"아니요, 그것도 저희가 할 일인 걸요."

여유롭게, 그러나 자신에게 주어진 본분에는 책임을 다한다. 이러한 의지가 간다의 단맛에는 흐르고 있다.

또 하나 깨달은 것이 있다. 나니와의 맛, 간다의 맛. 풍속도 기질도 전혀 다르지만 100년, 200년을 이어오는 맛은 가족의 손에서 손으로 소중하게 전해져왔다. 맛이라는 것은 결코 자신의 손에서 놓아서는 안 된다. 손에서 놓은 그 순간 손가락 사이에서 모래알처럼 빠져나가 덧없이 사라져버릴 테니까.

메오토젠자이(241p 참고)

끝으로 풍경의 일부가 되어

  술집에서 마시는 것도 좋아하지만 밖에서 얼핏 스치듯 보는 것도 매우 좋아한다.

  격자창 너머로 또는 손님이 술집을 나서며 벌컥 연 문틈으로 언뜻 보이는 실내... 이미 밤의 장막이 드리우며 뉘엿뉘엿 해가 기울고, 술집 안은 따뜻한 오렌지 빛 등불이 마른 땅에 골고루 내리는 단비처럼 구석구석 비추고 있다. 이미 그것만으로도 행복한 감정이 몰려오지만, 불빛을 받으며 흔들리는 무수한 그림자, 왁자지껄한 분위기에 격한 감동을 느낀다. 얼핏 틈새로 본 광경일 뿐인데, 아니 틈새이기 때문에 더 응축된 것인지, 기분이 좋아 보이는 편안한 모습을 보면 나는 거의 매번 감동을 하고 만다. 결국 슬그머니 그 자리에서 물러나며 그 행복감을 안주로 삼아 어딘가에서 꼭 한 잔하고 싶다는 기분조차 들곤 한다.

술집이든, 양식집이든, 장어집이든, 적당히 북적거리는 가게의 문을 열고 들어가는 것은 행복한 풍경의 일부가 되러 간다는 것이다. 더할 나위 없이 고급스러운 장면에 몸을 던져서 자신도 그 일부, 한 조각이 되러 간다. 호흡을 맞출 때의 타이밍부터가 유쾌하다.

하지만 고급스러운 장면에도 여러 가지가 있다. 그것이 또 흥을 돋운다. 골목 안쪽에 가끔 들르는 작은 중국집이 있는데. 그 집 아주머니는 참 무뚝뚝하다. 벌써 수십 년을 다니지만 아주머니와의 거리가 좁혀지기는커녕 늘 멀기만 하다.

"어서 오세요."

미소조차 짓지 않는다. 그래도 끝까지 성의를 다해 발음하고 있는 것은 안다. 나도 한마디…

"안녕하세요."

그냥 그뿐이다. 주문하는 음식도 대개 정식이나 면류로 정해져 있기 때문에 자연스럽게 대화는 필요 최소한으로 머무른다. 가게를 나올 때도 "잘 먹었습니다."라고 말하면 깔끔하다.

"감사합니다."

늘 똑같다. 그래도 아주 좋아한다. 필요이상으로 상관하지 않아서 오히려 편하고 오래 다닐 수 있다. 무뚝뚝해도 기분이 나쁘지 않다. 아주머니에겐 아주머니 나름의 성격이 있고, 애초에 가족경영이라는 조촐하고 소박한 분위기에선 특별히 문제될 것도 없다. 게다가 음식은 나무랄 데 없이 맛있고, 가격까지 저렴하다. 모든 것이 자연스럽기 때문에 불평할 거리가 아무것도 없다. 그 증거로 낮이고 밤이고 언제 와도 가게는 적당히 붐빈다. 동그란 문을 열고 들어가 빨간 데콜라 테이블에 앉아서 옆자리에서 아저씨가 단단멘을 후후 불며 정신없이 먹고 있는 모습을 흘끗거리기도 하면서 '아아, 이 가게 참 좋다.'고 느낀다.

행복한 풍경의 일부가 될 수 있는 것은 꼭 식당 안이 아닐 때도 있다. 포럼을 들추고 식당 앞에서 포장해서 갈 때를 떠올려 보자. 식당의 분위기나 모습은 그 자리에 없어도 포장해서 사 간 것을 먹는 도중에 느낄 수 있다. 예를 들면 히가시긴자의 뒷골목에 있는 '초시야'에서 크로켓 샌드위치나 멘치카츠 샌드위치를 샀을 때다.

"크로켓 샌드위치 하나 주세요."

가게 앞에서 주문하면 늘 그렇듯 하얀 덧옷을 입은 아저씨가 "알겠습니다."라며 크로켓 하나를 기름 속에 넣고 옅은 갈색이 될 때까지 튀긴다. 그리고 익을 때까지 기다렸다가 철망 뜰채로 건져서 기름을 떨어내면 옆에서 기다리고 있던 아주머니가 크로켓을 받아 능숙한 손놀림으로 식빵에 얹는다. 그 위에 다시 소스를 빙 돌아가며 골고루 뿌린 뒤 다른 식빵으로 덮고 식칼로 경쾌한 소리와 함께 둘로 자르면 끝이다. 사각의 파란색 포장지로 싼 샌드위치는 손이 델 정도로 뜨겁다.

계획대로 근처 공원으로 뛰어가 벤치에 앉아 샌드위치를 먹는데, 그때 다행스러운 마음이 드는 것은 방금 전에 보았던 광경들 때문이다. 황금색 거품을 일으키며 시시각각 연한 갈색으로 변해가는 크로켓, 그 모습을 바라볼 때 나는 '초시야' 앞에 서 있는 아이가 된다. 벌써 40여 년이 지난 먼 옛날, 동전지갑과 장바구니를 들고 심부름을 간 그때와 똑같은 자세와 시선으로 기름 속에서 헤엄치는 크로켓을 바라보고 있다.

또는 긴자의 한가운데, 건물 옥상의 비어 가든에서도 마법처럼 만난다. 생맥주잔을 들고 여름의 밤하늘을 올려다볼 때 이것이 정말 같은 긴자의 하늘일까 싶다. 붐비는 사람들 사이에 뒤섞여 긴자 4가의 교차로를 건너고 있을 때 올려다보는 하늘과는 전혀 다르다. 머리 위의 하늘은 마치 도도히 흐르는 강물처럼 방자하고, 너그럽고, 놀라울 정도로 비옥하다. 긴자에 설마 이런 하늘이 숨어 있으리라고는 이곳에 오기 전까지는 상상조차 하지 못했다. 고양이 얼굴처럼 작고 좁은 비어 가든인데.

여기저기 다니며 먹고 마시면서 그런 식으로 눈을 뜨는 경우가 종종 있다. 하지만 허둥지둥하다간 기분 좋은 뭔가가 그냥 스쳐지나가 버리기 때문에 이대로 행복한 풍경의 일부가 되고 싶다, 될 수 있으면 좋겠다고 바라면서 몸을 내맡긴 채 담담하게 맛을 본다. 그러면 맛이라는 것은 매우 친절해서 문득 깨닫고 보면 흐름 속으로 아무렇지 않게 초대해준다. 미각은 주관적인 것이지만, 자기 자신이 풍경의 일부가 되어 맛보고 있으면 거리 속으로, 사람들 안으로 이어져가게 되는 것이다. 하나에 250엔짜리 크로켓 샌드위치를 먹으면서도 물론이다.

이 책(원재 : 샌드위치는 긴자에서)은 '올요미모노'에 연재 중인 〈지금의 맛〉 제1회부터 12회까지를 한 권으로 묶은 것이다. 삽화를 그려주신 다니구치 지로 씨에게는 뭐라고 감사의 말을 표현해야 할지 모르겠다. 한 줄의 선이나 여백으로 글이 미치지 못하는 힘을 주셨다. 진심으로 감사를 표하고 싶다. 본문에 종종 등장하는 'Y군'인 '올요미모노' 편집부의 야마다 노리카즈(山田憲和) 씨에게도 식객으로서의 당당한 모습에 감사하고 싶다. 그리고 이시즈카 지즈石(塚智津) 씨, 사진부의 후카노 미키(深野未季) 씨, 에노모토 아사미(榎本麻美) 씨, 단행본으로 만드는 데 있어서 제2출판국의 하야시 사토루(林曉) 씨에게도 많은 신세를 졌다. 모두 감사합니다.

하루하루 점점 더 추워지고 있다. 머잖아 나베가 맛있는 계절이 돌아온다. 오사카의 '**타코우메**'나 '**요타로**'에서 피어오르는 김도 사랑스럽다. 맛 속에는 반드시 좋은 풍경이 있다.

2010년 겨울 저자

후기

그 뉴스를 본 것은 혼조아즈마바시(本所吾妻橋)의 선술집에 있을 때였다. 술집 한쪽 구석에 있는 텔레비전에 무심하게 시선이 멈췄는데 헬리콥터에서 화재 현장의 모습을 중계하고 있었다. 화면에서 눈을 떼지 못하고 있는 동안 자세한 소식을 듣게 된 나는 깜짝 놀랐다. 화재가 일어난 곳이 다름 아닌 간다의 '**간다야부 소바**'였다. 믿을 수 없다는 심정으로 건물을 에워싼 불티를 응시하며 고아한 정취를 뽐내던 그 건물을 떠올리자 가슴이 메었다. 창업 130년, 도쿄 대공습을 피하고, 거품경제기의 무서운 땅값 상승도 이겨내고 지금까지 건재하게 살아남은 역사적 건축물이 사라지려는 것인가. 간다 스다초의 한쪽 귀퉁이에 남겨진 기적 같은 그 건물도 희소가치가 높은 재산이었다는데, 나는 술잔을 비우고 고개를 숙였다.

언제나 그 자리에 있는 것이 당연하다고 생각하고 있다가 돌연 길거리에서 상실의 슬픔을 맛보곤 한다. 그것도 세상의 이치라고 스스로에게 말해보지만, 신체의 일부를 잃은 듯한 공허함이 밀려오는 것은 어쩔 수 없다. 함께 지낸 사람, 시간, 맛, 기억의 모습은 달라지지 않아도 이것으로 이제 끝, 다음으로 이어질 일은 없다. 눈앞에서 단절된 이런저런 기억을 아쉬워할 수밖에 없는 것이 그저 서글플 뿐이다. 누구나 그런 경험은 몇 개씩 갖고 있을 것이다.

나에게도 올봄 몇 번의 이별이 있었다. 60년 이상 이어온 작은 바가 문을 닫게 된 것은 이미 여든을 넘긴 마담을 걱정한 가족들의 뜻이었는데, 물론 본인도 은퇴할 때라는 것을 알고 있었기에 내린 결단이었을 것이다. 그 소식이 전해지고 나서 3개월동안 엄청났다. 어쨌든 60여 년의 역사가 있는 가게이기 때문에 단골손님의 수만 해도 상당했다. 오랜만에 문을 밀고 들어오는 손님, 전설의 바가 문을 닫는다는 소식을 듣고 처음 찾아오는 손님, 이런 멋진 가게를 더 많은 사람들의 기억 속에 새겨두고 싶다고 지인들을 데리고 날마다 찾아오는 손님, 평소에는 널찍한 나무 카운터에 손님들이 띄엄띄엄 사이를 두고 앉는 조용한 가게였지만, 완전히 바뀌어서 연일 꽉꽉 들어찬다. 많은 손님이 잇따라 찾아오는 모습은 흡사 문 닫기 직전에 만원사례를 이루는 영화관 같다. 조용히 이별을 아쉬워하고 싶은 손님도 있었겠지만, 그래도 그 떠들썩함 자체가 이별의 목소리가 되어 좌중을 따뜻하게 안아주었고, 카운터 너머의 마담만이 평소와 다름없는 태연한 모습으로 손님들을 응대했다. 지금 생각해보면 그때의 축제 같던 하루하루는 행복 자체였다. 모두에게 3개월이라는 시간 동안 천천히 이별을 받아들이는 의식이 되었으니까.

〈안녕, 추억의 대중식당 '주라쿠다이'〉를 쓴 것도 사랑하던 가게를 잃는 것에 대한 아쉬움 때문이었다. 우리는 툭하면 '항상 거기에 있는 것이 당연'하다고 착각하는 경향이 있다. 또는 뻔질나게 드나드는 가게라 해도 언제 어떻게 변할지는 아무도 모른다. 〈그래, 가자! 오늘도 맛있는 맥주 마시러〉에 나오는 비어 가든 '**긴자 마츠자카야 바쿠요테이**'도 건물 개축으로 인해 작년 여름에 문을 닫았다. 해마다 여름이면 가던 곳인데 올여름엔 그 옥상에서 더위를 날려줄 시원한 맥주를 마실 수 없다고 생각하니 아쉬움이 더욱 심해진다. 그렇기 때문에 한 채 한 채의 존재를 마음속에 소중히 간직하고 싶은 것이다. '주라쿠다이'는 건물 개축 후 임대로 들어가 다시 문을 열었지만 막상 문을 열고 보니 예전의 모습은 찾아볼 수 없었다.

그러나 아쉬운 이별만 있었던 것은 아니다. 〈샌드위치는 긴자에서〉에서는 굉장히 매력적인 가게 일곱 군데의 샌드위치를 소개했는데, 그중 한 군데인 '**하마노야 팔러**'는 2011년 12월말부터 2개월 동안 가게를 닫았다. 주인이 바뀌어 인테리어를 바꾸고 다시 문을 연다는 소식을 듣고 그럼 그 '달걀 샌드위치'는 이제 사라지는 걸까? 과일 샌드위치는? 인디아 토스트는? 크게 낙심했다. 그러나 얼추 시간을 가늠해서 다시 문을 연 후에 주뼛주뼛 찾아가보았더니 이게 웬일인가! 그 성실하기 그지없는 샌드위치도, 추억이 샘솟는 메뉴도, 편안하게 쉴 수 있는 벽돌색 의자와 테이블도, 아무것도 바뀌지 않았다. 믿을 수가 없어서 물어보았더니 현재의 사장이 처음부터 '하마노야 팔러'를 좋아해서 그 맛과 분위기를 소중하게 지키고 있다는 것이었다. 묵묵히 샌드위치를 만들던 와이셔츠에 넥타이 차림의 아저씨도, 서빙하는 아주머니들의 모습도 볼 수 없지만, 지금 활기에 찬 젊은이들이 카운터 너머에서 '하마노야 팔러'의 맛을 충실히 재현하고 있다. 이곳의 '달걀 샌드위치'에는 금방 구워서 폭신폭신하고 따뜻한 달걀말이가 들어간다. 모두가 사랑하는 해님 같은 정겨운 맛을 만나고 싶어서 유라쿠초에 갈 때마다 어김없이 또 발길이 향한다.

100년, 200년 이어지는 맛이 있다. 한편 100년, 200년 이어질 것이라고 누구나 믿고 있는데 도중에 맥이 끊기는 맛도 있다. 그리고 강력한 의지로 되살아나는 맛도 있다. '간다야부 소바'에 화재가 일어나고 이틀 후 우연히 펼친 신문을 보고 난 눈시울이 뜨거워졌다. 4대째 점주의 코멘트가 실려 있었다.

"전통이 맛을 만드는 것이 아니라 기술이 맛을 만든다. 재건 후에도 같은 맛은 낼 수 있다."

그런 씩씩함, 불굴의 정신이야말로 일본의 맛을 단련하고 키워온 핵심으로 여겨져서 내가 오히려 위로를 받았다. 오므라이스에도, 샌드위치에도, 오사카의 복어 나베나 시가 산속의 곰 나베에도 끌리는 맛에는 미각을 자극하는 무언가 특별한게 있다. 그런 것이야말로 과감하게 맛보고 싶게 만든다. 먹음으로써 소중하게 지켜가고 싶다.

2013년 초여름 저자

| 본문에 나오는 식당 위치 및 연락처 |

봄을 찾아서
이와이   도쿄 도 주오 구 긴자 6-3-7 ☎03-3571-5252
코묘지   가나가와神奈川 현 가마쿠라 시 자이모쿠자 6-17-19
          ☎0467-22-0603
나나쿠사   도쿄 도 세타가야世田谷 구 다이타代田 5-1-20
          ☎03-3410-2993

그래 가자! 오늘도 맛있는 맥주 마시러

타치노미 긴 신바시 점	도쿄 도 미나토 구 신바시 2-20-15 신바시 역전 빌딩 1호관 B1 ☎03-5568-4130
텐코 만두방 니시키초 점	도쿄 도 지요다 구 간다 니시키초 3-14-9 ☎03-3233-3675
비어 홀 뉴도쿄 스키야바시 본점	도쿄도 지요다 구 유라쿠초 2-2-3 ☎03-3572-3848
벨 오브 롯폰기 점	도쿄 도 미나토 구 롯폰기 7-9-2 오카노岡野 빌딩 1F ☎03-3403-1161
바쿠요테이 마츠자카야 긴자 점	*폐점
베어드 브루어리 나카메구로 직영점	도쿄 도 메구로 구 우에메구로上目黒 2-1-3 나카메구로 GT 플라자 C동 2F ☎03-5768-3025
비어레이즈'98	도쿄 도 미나토 구 신바시 2-3-4 ☎03-5512-5858

한여름에는 장어를 먹자

카와토요	지바 현 나리타 시 나카초仲町 386 ☎0476-22-2711
고토 경단가게	지바 현 나리타 시 가미마치上町 499 ☎0476-22-2560

카와세이　　　　　도쿄 도 스기나미 구 가미오기上荻 1-6-11
　　　　　　　　　☎3-3392-1177

이케부쿠로에서 중국 둥베이 여행
다이호　　　　　　도쿄 도 도요시마 구 니시이케부쿠로 1-44-10
　　　　　　　　　가초후게츠花鳥風月 빌딩 1, 2F　☎03-3971-5668
도쿄추카가이　　　 도쿄 도 도요시마 구 니시이케부쿠로 1-43-3
　　　　　　　　　닛세이日精 빌딩 4F　☎03-5949-6015
찌인 샤오츠 광장　 *폐점
아리랑　　　　　　도쿄 도 도요시마 구 이케부쿠로 1-2-7 메종 다나카 1F
　　　　　　　　　☎03-3981-0811
라쿠라쿠야　　　　도쿄 도 도요시마 구 니시이케부쿠로 1-29-6
　　　　　　　　　오노大野 빌딩 2F　☎03-5391-9865
에이리　　　　　　도쿄 도 도요시마 구 이케부쿠로 1-2-6 벨메종
　　　　　　　　　이케부쿠로 B1　☎03-5951-0557

* 이케부쿠로의 밤
　작사 : 요시카와 시즈오吉川静夫　　작곡 : 도쿠치 마사노부渡久地政信

언제나 마음속엔 오므라이스
타이메이켄　　　　도쿄 도 주오 구 니혼바시 1-12-10　☎03-3271-2465
메이지켄　　　　　오사카 부 오사카 시 주오 구 신사이바시스지 1-5-32
　　　　　　　　　☎06-6271-6761

자시키에서 편안하게
소메타로　　　　　도쿄 도 다이토台東 구 니시아사쿠사 2-2-2
　　　　　　　　　☎03-3844-9502
요시다　　　　　　도쿄 도 주오 구 긴자 7-7-8　☎03-3571-0526

미노야 도쿄 도 고토江東 구 모리시타 2-19-9
☎03-3631-8298

샌드위치는 긴자에서
긴자 기무라야 2F 카페 도쿄 도 주오 구 긴자 4-5-7 ☎03-3561-0091
양과자점 웨스트 도쿄 도 주오 구 긴자 7-3-6 ☎03-3571-1554
하마노야 팔러 도쿄 도 지요다 구 유라쿠초 1-12-1 신유라쿠초
빌딩 B1 ☎03-3212-7447
긴자 센비키야 도쿄 도 주오 구 긴자 5-5-1 ☎03-3572-0101
미야자와 도쿄 도 주오 구 긴자 8-5-25 니시긴자 회관 1F
☎03-3571-0169
록피시 도쿄 도 주오 구 긴자 7-2-14 제26 폴스타 빌딩
2F ☎03-5537-6900
초시야 도쿄 도 주오 구 긴자 3-11-6 ☎03-3541-2982

겨울을 아쉬워하며 나홀로 나베
요타로 오사카 부 오사카 시 주오 구 도톤보리 2-4-9
☎06-6213-2980
이이다야 도쿄 도 다이토 구 니시아사쿠사 3-3-2
☎03-3843-0881
다이니치카라슈조 도쿄 도 나카노 구 나카노 5-32-15 ☎03-3385-6471
니시타마미즈 오사카 부 오사카 시 주오 구 시마노우치 2-17-24
☎06-6211-6847

곰을 먹으러 간다
히라 산장 시가 현 오츠大津 시 가츠라가와 보무라초坊村町 94
☎077-599-2058

100년이든, 200년이든

지유켄	오사카 부 오사카 시 주오 구 난바 3-1-34
	☎06-6631-5564
타코우메	오사카 부 오사카 시 주오 구 도톤보리 1-1-8
	☎06-6211-6201
메오토젠자이	오사카 부 오사카 시 주오 구 난바 1-2-10
	MEOUTO 빌딩 1F ☎06-6211-6455
런천	도쿄 도 지요다 구 간다 진보초 1-6 진보초 산빌딩 2F
	☎03-3233-0866

간다 마츠야 도쿄 도 지요다 구 간다 스다초 1-13 ☎03-3251-1556

타케무라 도쿄 도 지요다 구 간다 스다초 1-19 ☎03-3251-2328

*정보는 2013년 4월 현재 기준입니다.